José-Luis Anta Félez

Coches, aviones y mochilas

Imágenes movedizas del mundo presente

Textos (in) surgentes

Mayo 2023 | La Vorágine, editorial crítica

Coches, aviones y mochilas. Imágenes movedizas del mundo presente es una obra de José-Luis Anta Félez que forma parte de la colección **textos (in) surgentes**.

ISBN 978-84-127446-2-0

La edición y el diseño de este libro
ha sido osadía del laboratorio editorial
y gráfico del colectivo La Vorágine

Difunde, comparte, disiente

La Vorágine, editorial crítica
Calle Cisneros, 69 – Bajo
39007 Santander (Cantabria)
www.lavoragine.net / editorial@lavoragine.net

Índice

Presentación
Mover(se), consumir(se), (des)nacer

El sistema mundo en el que resistimos es el de la movilidad inducida. Y esta realidad es inquietante porque no todo el mundo puede moverse, pero se estimula ese deseo como se agita el deseo del consumo. Se mueven los de abajo, desde los Sures Globales, para llegar a los 'paraísos' capitalistas; se mueven las clases medias para soñar en una libertad tan esquiva como ficticia. No moverse, de hecho, sólo podría ser una elección desde arriba, un lujo difícilmente articulable.

Ya recordábamos en el libro *Residir, Resistir, Recibir* (La Vorágine, 2022) que «el capitalismo urbanizador (algo semejante a decir: 'civilizador') exige de nosotras lo que el filósofo colombiano Santiago Castro-Gómez denominó como "disposición cinética": esa "nueva relación de las personas con el movimiento" imprescindible para la sociedad industrial y que ahora, a principios del siglo XXI, es de una importancia sólo comparable a la que tuvo durante la consolidación de la Revolución Industrial en el siglo XIX. Si entonces mediante dispositivos de coerción/persuasión se logró uno de los mayores movimientos humanos (campo/

ciudad; periferias/centro) para alimentar de mano de obra disciplinada a las nuevas fábricas industriales y a los imperios en construcción, ahora la disposición cinética nos mantienen en permanente movimiento (laboral, residencial, vacacional, digital) para evitar cualquier tipo de construcción afectivo-política, de urdimbre, que pueda ser la base de resistencias, de disidencias o de búsquedas de modelos colectivos alternos".

Quizá porque llevamos tiempo pensando alrededor de esta «disposición cinética», el texto de José-Luis Anta Félez nos interesó tanto desde el primer momento. El antropólogo se desnuda de su poder académico para mirar un mundo, unas gentes, que, ante todo, se mueven. Lo hacen a bordo de los coches, de los aviones, condensan su vida en una mochila, caminan o entran y salen de edificios pensados por el capitalismo para agitarnos sin ser conscientes de que su movimiento es parte de la parálisis colectiva contra la que deberíamos resistir.

Hay un algo en este movimiento y consumo permanente que supone un desnacer, un dejar de ser sólo para estar-en-movimiento, sin pensar, sin construir lazos, sin organizarse, sin ser comunidad.

En las próximas páginas la cabeza da varios vuelcos sin moverse del banco desde el que Anta Félez nos-se mira. Permítete la quietud necesaria para apreciar este movimiento sin freno.

Colectivo La Vorágine, mayo 2024

Prólogo

Por Eleder Piñeiro Aguiar
(Universidade da Coruña)

Tengo la suerte y el privilegio de haber conocido a José-Luis en el contexto de una antropología en permanente crisis, pero además he podido compartir viajes en auto con él desde mi etapa como estudiante de doctorado hasta la actualidad, y espero que sigan siendo muchos más. En estos periplos, algunos de minutos, otros de varias horas, además de conversar con, contra, de y desde algunos/as de los/las teóricos/as y amigos/as que Anta enumera en sus agradecimientos, también conversamos sobre toda otra serie de temáticas, más o menos banales, más o menos metafísicas, algunas sugeridas en este libro que me da mucho placer poder prologar.

En una ocasión, Anta me dijo que lo mejor que tenía un viejo Ford fiesta de mi propiedad (más bien propiedad de mi madre), en mi época de estudiante, era la radio. Reflexionando desde ese momento y tras leer el libro que aquí se presenta, me surge la duda de si, efectivamente, lo mejor de cualquier vehículo, incluido el Fairchild 571 del equipo uruguayo de rugby que se estrelló en los Andes (y en Netflix), pero por supuesto también cualquier Fórmula 1 o incluso el auto loco de Pier

Nodoyuna, no será claramente la radio y el poder de comunicación que conlleva (y exige, controla, sanciona, castiga…) la movilidad. Este tema, el de la movilidad como mito de la modernidad capitalista es abordado de manera crítica por José-Luís en las páginas que siguen, en donde a decir del autor «los coches son el capitalismo encarnado».

José-Luis tiene varios dones y en este libro se reflejan una vez más: una capacidad para ver más allá, pero también más acá de cualquier sentido común, y así su objetivo en este texto de no caer en obviedades estructural-funcionalistas ni economicistas acerca del análisis repetitivo, DGT incluida, del mundo del automóvil. Por otra parte, aborda la cuadratura del círculo que conlleva en las ciencias sociales el tratar de engarzar en una misma temática de estudio orden y conflicto, individuo y sociedad. Esto el autor lo desarrolla de manera brillante en otros muchos escritos y por supuesto en este que viene a continuación. En otras palabras, trae al estudio de la modernidad capitalista el viejo problema clásico, ya presente en los presocráticos y por supuesto en Platón, Aristóteles, en el problema de los universales y por supuesto en Henry Ford (el de carne y hueso y el de *Un mundo feliz*) de cómo relacionar lo general con lo particular. Y es que Anta se pregunta cómo es la relación de lo local con lo global partiendo de una microsociología cotidiana, de objetos, de cosas, de artilugios, de pasillos de avión, de esperas en andenes y aeropuertos, de motores y de sofisticación tecnológica. Y, por supuesto, da múltiples respuestas que hacen que no solo veamos al capitalismo de otras diversas maneras, sino que nos hace reflexionar acerca de lo que hacemos, sentimos y cambiamos cuando viajamos. Además, para tratar de dar respuesta a esta relación entre lo micro y lo macro, hoy ya post-metafísica, Anta es capaz de engarzar mochilas, Walter Benjamin, los payasos de la Tele, Max Weber, mercados de segunda mano de autos en México, azafatas de avión y conversaciones vía correo con varios de sus colegas de universidad. Es así que aparece el coche, en la interpretación de Anta, como ritual antropológico, como objeto de deseo, como máquina deseante, como lugar de denigración y de peligro, como objeto que nos hace sujetos, como lugar de lucha. En fin, como un hecho social total desde el que reconocer mucho mejor al capitalismo y sus afueras, si es que los hay.

Pero, como si todo esto fuera poco, José-Luis cae en la cuenta de que para entender y reflexionar sobre el coche hay que entender lo que entraña en cuanto a cambio, aspiración, aceleración e intensificación de toda una serie de conexiones que, a su vez, son cambiantes. El auto, igual que Anta, es en sí mismo una teoría de los tres cuerpos en movimiento que impacta en otros cuerpos, produciendo cambios en la configuración urbana, en otros vehículos, en el sistema financiero, en leyes, en humanos, en otras máquinas y en el tiempo como supuestamente lo entendemos. En este libro, además de cosas con ruedas (otras cosas, por cierto), hay también una perspicaz reflexión acerca de injusticias, colonialismo, peligrosidad, riesgos y antidemocracia, siempre con el automóvil en el centro, pero siempre entendiéndolo como se debe entender una vida: intersticial, efímera, híbrida, interpretable, cambiante. José-Luis, para todo ello, se apoya en teorías críticas, feministas, queer, decoloniales, poscoloniales, etcétera, para tratar de hacernos comprender una vez más acerca de la vida social de las cosas, las cuales nos hacen decir y nos hacen hacer, cambian nuestros cuerpos y pensamientos a la vez que demandan algo de nosotros/as. En fin, nos interpelan, al igual que cada una de las oraciones presentes en este libro.

Los automóviles, los trenes, los aviones, lo autobuses... son cosas, pero son mucho más que eso y, en época de inteligencias artificiales, algoritmos, coches híbridos, crisis y reconfiguraciones urbanas, peligros ecológicos, guerras (también, todavía) por el petróleo y nuevos circuitos urbanos en ciudades globales, nos sirven para comprender de mejor manera el mundo que nos ha tocado vivir.

La complejidad del mundo de la movilidad, de la velocidad y de la aceleración, nos recuerda José-Luis, hace además que la academia se deba complejizar para no quedarse en una simple descripción banal. Y con esa llamada de atención a la ciencia social el autor aborda un tema de investigación y un objeto de estudio que es según él movedizo, híbrido, metafórico, normativo, ideológico, ficcional, ético-estético, político, funcional, estructurante, ordenador, sancionador, constantemente reinterpretable, reciclable (en sus usos y en sus imaginarios), diferenciador y a la vez repetitivo, nacional y a la vez global, necesario, rutinario, familiar, local, deseado, por supuesto simbólico y, sin caer en un banal análisis economicista, también consumible. Es el auto, en general, un "concentrador cultural".

En este libro también nos subimos y paseamos con José-Luis en aviones, trenes, aeropuertos y estaciones de autobuses, donde se engarzan consumo, prácticas de viaje, tecnologías, corporalidades, disciplinamientos y rutas comerciales, coloniales, turísticas y comerciales. Lo militar, lo securitario y la pérdida de autonomía e incluso de ciudadanía, sobre todo post 11-S, aparecen en esta parte donde el autor reflexiona acerca de los usos y abusos que supone sumergirse en una cabina presurizada en donde los cuerpos del pasaje son formalizados, normalizados, normativizados e incluso sancionados y castigados si es necesario. Anta nos hace ver que, a pesar de que aeropuertos y aviones configuran el desplazamiento por excelencia, en cuanto práctica de la movilidad, un pasajero apenas tiene sensación de esta, a la vez que se deshumaniza cualquier capacidad de agencia por su parte en aras de la gestión de la práctica de viaje, desde el cacheo en el aeropuerto hasta las rutinas dentro del propio avión, lugar donde el viajero es «despojado de su identidad». Estereotipos de género, asimetrías de poder, relaciones sociales, usos y abusos del consumo, entre otras reflexiones sobre la etiqueta, el riesgo y las sociedades panópticas, aparecen en las páginas que el autor dedica a los vuelos en avión, «idea de lo posible, una extraña utopía».

Por si todo esto no fuera poco, en el libro que se presenta hay una preocupación fundamental acerca de las instituciones totales, pensando las estaciones como una de ellas, y su papel fundamental en el urbanismo y en las políticas de un Estado de Bienestar en crisis. Democracia, hegemonías, jerarquías, Keynes, Lefebvre y las luchas por el espacio público, Clifford Geertz y la construcción de textos y contextos de investigación son puestos en tensión desde el momento que pensamos todo lo que sucede en las estaciones y terminales en las ciudades. Anta desarrolla en esta parte un trabajo de campo etnográfico en la ciudad donde vive, Jaén, poniendo su atención (y por supuesto su escritura y su cámara de fotos) en las múltiples miradas que se suceden en una estación de autobuses.

Estoy seguro de que este libro es en la trayectoria de Anta la síntesis de un trabajo de años tomando notas en esas libretas cuadriculadas que tantas veces le he visto llenar de ideas, reflexiones y argumentos para la ciencia y para la vida. Pero también que es un nodo más de una carrera profesional en la que el autor muestra su compromiso con entender el mundo que vivimos muy fuera de prejuicios y estereotipos, criticando el presente y los múltiples pasados que este contiene. Recomiendo encarecidamente leer este libro (a menos que se vaya conduciendo), agradeciendo a José-Luís el haber conseguido, una vez más, lo que se supone debe hacer un profesor pero que solo unos pocos maestros, él incluido, consiguen: hacer pensar.

Introducción

«Para nosotros las locomotoras tienen ya un carácter simbólico, porque las encontramos en la infancia. Para nuestros niños lo tienen sin embargo los automóviles, en los que nosotros sólo hemos captado el lado elegante, nuevo, desenfadado»
Walter Benjamin, *Libro de los Pasajes*

Los mil nombres del dios máquina

Aeronave, aeropuerto, ambulancia, anfibio, auto, autocaravana, automóvil, autopista, avión, avioneta, B52, baúl, berlina, bicicleta, BMX, bólido, bus, cafe racer, calesa, camión, camuflado, caravana, carguero, carreta, carretilla, carricoche, carro, carroza, carruaje, caza de combate, cercanías, ciclomotor, Chinook, coche, cohete, contendor, crucero, custom, descapotable, DKV, diligencia, dirigible, enduro, esquís, estación de autobús, ferrocarril, ferry, fixie, food truck, fragata, funicular, furgón, globo, góndola, guagua, helicóptero, híbridos enchufables, hidroavión, inmigrante, interceptor, jet, landó, locomotora, maleta, matchbox, metro, microbús, misil, mochila, mochilero, monopatín, moto, moto de agua, motocross, motonieve, motora, motoreta, MTB, nave espacial, naked, ómnibus, Orient Express, parking, patera, patinete, petrolero, piragua, puerto, rally, remolque, remolque, rider, roulot, scrambler, senderismo, escúter, speedway, superdeportivo, supermotard, tanque, tartana, taxi, teleférico, tour de Francia, touring, trail, tráiler, transiberiano, trasatlántico, tren, tren bala, tren turístico, trial, trineo, Uber, vagón, vagoneta, vehículo, velero, volquete, zepelín, zodiac, 4x4, 5 fingers…

Uno de los grandes mitos de la modernidad es la movilidad y el gran escaparate de su totalidad son los objetos que la representan. Ellos preconizan los parabienes de nuestro mundo y no sólo fundan nuestra sociedad sobre un sistema donde el objeto es una realidad, sino que se convierten en una verdad total: ellos son lo que somos, nos definen, pero también nos muestran. Se trata de un régimen de movilidad: un conjunto heterogéneo de discursos, tecnologías y prácticas que desde el siglo XIX inscribieron el movimiento de la población en unos juegos de verdad, a partir de los cuales quedó investido con determinadas propiedades y cualidades. Este camino del dasein heideggeriano impone una individualidad a cada sujeto en la medida que es una subjetividad que camina en y entre objetos.

Algunos humanos, en condiciones especiales de tecnología, entrenamiento y actitud pueden alcanzar poco más de 40 kilómetros por hora, una velocidad que se multiplica exponencialmente cuando se marcha en un coche, un tren, un avión o una nave espacial. Este aceleramiento es la primera y más obvia de las consecuencias de la movilidad, que termina por empapar todos los órdenes de la vida. Los objetos de y para la movilidad tienen la virtud, gracias a la velocidad y también por el lugar protagónico que les hemos conferido, de transformar los espacios y tiempos por donde pasan. Esta capacidad de generar verdad les confiere un sentido único. No en vano su verdad es un campo de batalla que confiere realidad a las luchas por el espacio, los combustibles, las materias primas y la economía a todos los niveles imaginables. Pero es una verdad que también tiene un sentido inequívoco de en qué mundo nos hemos convertido.

Millones de personas se desplazan por la hambruna, las guerras y la destrucción natural, otros millones que se desplazan en las rutas de la emigración, el turismo o por razones de trabajo, el constante ir y venir de mercancías, fortunas e ideas. Todo eso, incluido el desplazamiento diario de prácticamente todo el planeta desde sus hogares a sus puestos de trabajo, por ocio o, simplemente, por el placer de trotar por el campo urbanizado. Así pues, parece que la movilidad es el centro de un discurso del que es muy difícil escapar. Pero toda esa movilidad y su discurso está mediada por objetos que, sin duda, también nos convierten a su vez en sueños de su discursividad.

La movilidad es también un producto creado y construido, mercantilizado e ideologizado. Es un tecnos en su doble sentido: como objetos tecnológicos, como tecnologías sociales. De ahí la urgencia de pensarlos, aunque no es, sin embargo, una empresa fácil. Su capacidad de multiplicar sus significados hace que sea difícil de centrar las preguntas y, además, son objetos preñados de esa movilidad que hacen de la velocidad, el acelera-cionismo y el escape parte de su definición. Y eso, tengamos en cuenta, que físicamente cambian y se transmutan constantemente: primero en una constante evolución y aparente perfeccionamiento y, segundo, porque pasan de idea a objeto, de objeto a mercancía, y de mercancía a fetiche casi en el mismo momento. En Calle de sentido único, Walter Benjamin nos propone una metodología para ver los límites de nuestro mundo, donde el progreso, la aceleración, lo urgente, lo tecnológico y, sobre todo, la alienación de lo humano, nos ciega en su manera de ir en un dispositivo vital y polí-tico que sólo tiene un sentido. Hay que pervertir todo ello y regresar a la encrucijada donde se tomó esa dirección equivocada. No es fácil. Ni, aparente-mente, lo razonable.

De la misma manera que el *rider* que mueve la comida a domicilio, en cuanto que sujeto y objeto, vive en una situación cercana al esclavismo más denigratorio —siendo la parte más blanda del actual sistema político—, el automóvil es el objeto más privilegiado del capitalismo, una forma de economía-política muy concreta y contingente basada en la legitimación de la codicia como valor de lo social. En este sentido, el coche, es su objeto central y su forma de representación y discursivi-dad por antonomasia: si bien podría parecer que está muy regulado —y así es en su construcción, distribución, venta y uso—, es quizás el objeto más significativo del derecho capitalista, a pesar de habitar la calle, es el único elemento realmente dentro de un sentido jurídico-filosófico de pertenencia, tiene una fenomenología basada en tener; en definitiva, es el único objeto urbano realmente bajo un orden de propiedad. Como tal, fue, por un lado, una conquista política, social y económica que desde mediados del siglo XVII la burguesía centroeuropea ensayó de manera constante como 'símbolo' de su espíritu. Es verdad que faltaban 250 años para que se llegará a materializar todo ello en el objeto automóvil, pero su conformación ideológica y su lógica formal empezaron mucho antes de que el objeto tomara forma. A finales del siglo XVIII y durante las primeras décadas del siglo XIX se ensayaron muchos elementos que dieran con esa idea de representatividad y, sin duda, hacía falta antes un contexto donde la idea de Estado y la de gestión económica estuvieran en la misma sintonía. A diferencia del sistema norteamericano basado en la esclavización, la economía agrícola a gran escala y la acumulación de poder militar, en la Europa clásica la burguesía había renunciado a ese modelo de explotación agrícola y, muy por el contrario, el sistema de banca por ellos creado, la idea de la transformación fabril —con ese ensayo basado en las máquinas que hilaban seda, las regulaciones de la máquina estatal en torno a los impuestos y las implementaciones de las nuevas necesidades del mundo urbano, basada en estética, urbanismo y policía—, dio lugar a lo que al final fue su verdadera empresa: el colonialismo, que hacía de la política europea, la globalización y la aceleración su centro discursivo.

El capitalismo, en este contexto y con todas sus piezas juntas —la capitalización, una sociedad creada en torno al consumo, clasista, fabril, colonial, extractiva y globalizada—, sólo necesitaba un objeto que representara sus valores: la ciencia, el movimiento, el empoderamiento industrial y la nacionalización. Se había ensayado con el tren, con las bicicletas, incluso con primitivos autobuses u otros objetos por el estilo —como el barco a vapor o las calesas y coches a caballos—, pero unos eran demasiado sociales, otros resultaban demasiado complicados y otros, demasiado simples. La aparición del automóvil resolvía todo esto: era un producto individual; necesitaba acuerdos políticos y normativos; funcionaba con un sistema objetivo-positivo científicamente demostrado; era parte de la replicación; era individual y social; permitía la exclusividad y la aplicación de sistemas de banca e ingeniería financiera; se adaptaba a las nuevas funciones de la ciudad que la transformaba, a la que a la vez se multiplicaba hasta hacer de todo espacio un medio propio; permitía el orgullo nacional; funcionaba en las reglas del mercado y establecía una competitividad en todos los niveles de la cadena, desde el propio objeto en sí, hasta en su uso de carácter deportivo y excepcional. En efecto, no era *un* objeto más. Era *el* objeto.

Este Santo Grial, una vez encontrado, ha preconizado nuestro mundo, lo ha transformado a su imagen y semejanza y, cómo no, se ha convertido en un hecho total, incuestionable, acrítico e incondicional. Permitía, además, la justificación de otros objetos paralelos, como los autobuses o camiones, y daba un sentido constante en el orden social para que el tren, la bicicleta o el tractor fueran a su vez parte de una lógica que el automóvil abrió, desarrolló y nominalizó en el centro del universo capitalista. A partir de esta razón instrumental generada en torno al automóvil, los yates, los aviones y prácticamente todos los objetos capitalistas se desarrollaron, no sólo para generar nuevas formas de movilidad, sino para dar mayor importancia a lo que el objeto automóvil propone: un mundo de calles de sentido único.

Claro que el capitalismo, históricamente, generó otros objetos e ideologías de los que hizo su forma concreta: el patriarcado, el trabajo, la medicalización o la judicialización policial. También asimiló, sin problema, las tradiciones culturales del pasado, que convirtió en productos de consumo para y por el espectáculo. Ideó nuevas formas de comunicación, con la prensa, la radio, la televisión o internet; de la misma manera, dio un nuevo sentido a la idea de fábrica con los campos de exterminio, y las tres grandes instituciones medievales que habían sobrevivido a la modernidad —el ejército, la iglesia y la universidad— les concedió privilegios, espacios propios de decisión, y autonomía. El capitalismo se coló, también, en las revoluciones socialistas, en los procesos de descolonización, y se alió con el Estado y sus políticas fueran cuales fueran, con la libertad, la democracia y las formas de cuidar. Y en todo ello, siempre y sin excepción, puso automóviles, formas de movilidad y de aceleración. Y no es que el capitalismo se haga en los coches, que también, es que estos son el capitalismo encarnado. Podemos decir de manera exagerada, pero no retórica, que bastaría acabar con los coches para terminar con el capitalismo como lo conocemos.

En la historia reciente tenemos el ejemplo del parón producido por la pandemia del covid-19, donde estuvimos a punto de humanizarnos, limpiar el planeta y generar nuevas maneras de relación. Pero... pierdan cuidado, era simplemente lo que necesitaba el estado-capital para introducir una nueva versión de su objeto fetiche: el coche eléctrico y, a su vez, las posibilidades reales de vivir en un encierro mediado por los algoritmos. Además, gracias a la universalización de los sistemas de inteligencia artificial y las comunicaciones vía satélite, todo lo anterior permite una conducción casi autónoma, con lo que se reduce drásticamente el *acontecimiento* de la movilidad: el riesgo y el accidente.

El automóvil —repito: Santo Grial del capitalismo— se hace con todo el poder simbólico una vez que se electrifica y autonomiza e, ideológicamente, transporta sin daño aparente a las personas o al medio ambiente, es respetuoso con la vida y, por fin —nos repiten—, se pone al servicio de lo social al reducir las decisiones personales, pero, a su vez, permite, ampliar, si cabe aún más, el viejo ideal de ser individual, representativo, mercantil, y socialmente transformador y adaptativo. Una vez más, el objeto privilegiado del capitalismo se reinventa para salir como único vencedor y abre el camino para que el autobús, camión, tractor, tren y avión se sumen a su proyecto liberador. Sí, liberador de lo humano en este nuevo modelo, como en el anterior del motor de combustión interna, donde ya no caben los humanos tal cual los construyó el sistema bio-jurídico del siglo XVIII. Todo en el automóvil llama a reducir lo humano a lo accesorio, a lo individual, a la movilidad por la movilidad. O dicho de una manera menos épica: lo humano es, en virtud del capitalismo representado por el automóvil, una parte de su ideología y ya ni acaso el centro de sus miras. Lo humano es la parte más molesta del sistema capitalista y el sitio por donde le han venido sus mayores quebraderos de cabeza, sobre todo porque el feminismo, la interseccionalidad-decolonialidad y los sistemas de pensamiento crítico se han mostrado reacios a montarse en un elemento, el automóvil, al que han puesto en evidencia como clasista, peligroso, contaminante, injusto, antidemocrático, colonial y, sobre todo, un objeto básico de la deshumanización patriarcal y la gestión de la violencia del sistema ideológico neoliberal y postfordista.

La máquina deseante

En efecto, lo humano es reducido a ser parte de una máquina deseante. En este sentido, el automóvil representa la deshumanización que define el modelo capitalista y el, acaso poco pensado, marco de un nuevo posthumanismo, donde impera el *anarquismo* acrítico y siempre político de las grandes corporaciones neo-tecnológicas, con su único ideal basado en la movilidad total como única manera de vivir y en la destrucción del Estado de derecho, último bastión del humanismo ilustrado. Mientras sus coches sigan funcionando, nada les preocupa.

Estos nuevos gurús de la economía-política (los Tesla, las apps, los WEY, NEV y TANK, los trenes Siemens, los Airbus, los Lockheed Martin, las mochilas Decathlon o las zapatillas Skechers) tienen tres cosas que no tenían sus predecesores (Ford, Toyota, Cessna, Fiat, Renault o Volkswagen, aunque obviamente están en un acelerado periodo de adaptación empresarial). Primero, no necesitan al sistema financiero, ni reglas de mercado, ni regulaciones o estándares industriales. Segundo, tienen un botón mágico que les da el mismo poder que antaño tenían los estados con el armamento nuclear —pueden apagar, acelerar o ralentizar a su antojo la red (internet), por lo que su ideal, sus valores y sus modelos vitales son los únicos innegociables—. Y tercero, prácticamente ningún sujeto social, a tenor de ser considerado un loco si dice lo contrario, los ve ni como coloniales, tóxicos o dañinos, ni mucho menos como peligrosos por patriarcales y violentos. En definitiva, el sueño de la burguesía que se desarrolló en el Renacimiento se cumplía por los herederos del poder maquiavélico: la máquina es suya, es más, ellos son la propia maquinaria.

El automóvil es, consecuentemente, el ideal que se centra en la naturalización de la ambición, del pensamiento único y, sobre todo, del deseo. Máquina deseada y deseante, el infinito absoluto de la movilidad, el deseo sin medida, sin que ya pueda parar: automóvil, mujeres, carreteras, carreras, aparcamiento, velocidad, caballos rampantes y toros de lidia, autopistas, joyas, jets, yates, emiratos… Esta máquina es imparable. Hasta la Luna o Marte son parte de la máquina deseante, alimentada en la deshumanización, el mercado, la ambición, el desprecio, el odio, la violencia y cualquier vicio que haga de lo humano una pieza de la máquina. Todo lo demás sobra, hay que anular los obstáculos y generar imaginarios de destrucción y distopía.

Cuando la máquina territorial primitiva ya no era suficiente, la máquina despótica estableció una especie de sobre-codificación. No obstante, la máquina capitalista, al surgir sobre las ruinas, más o menos distantes, de un Estado despótico, se encuentra en una situación completamente nueva: la descodificación y desterritorialización de los flujos. El capitalismo no aborda esta situación desde fuera, ya que vive a partir de ella, la considera su condición y su materia, y la impone con toda su violencia:

«las máquinas técnicas no funcionan, evidentemente, más que con la condición de no estar estropeadas; su límite propio es el desgaste y no el desarreglo. [...] Las máquinas deseantes, por el contrario, al funcionar no cesan de estropearse, no funcionan más que estropeadas: el producir siempre se injerta sobre el producto, y las piezas de la máquina también son el combustible. [...]

las máquinas deseantes producen por sí mismas la antiproducción, mientras que la antiproducción propia de las máquinas técnicas sólo es producida en las condiciones extrínsecas de la reproducción del proceso» (Deleuze y Guattari, 1985: 37-38).

Si Max Weber destruye el espíritu de la época de la ilustración, para hacer una suerte de aviso de qué todo es capitalismo, no es simplemente porque ya no exista un gran relato al estilo de Emmanuel Kant, sino porque ese relato se ha transferido a la máquina, primero burocrática, aclamada por sus funcionarios de carrera y vendida como única realidad a sus usuarios, y, segundo, a la máquina autónoma que representa el automóvil. Como si de una mónada se tratara, los objetos de la movilidad se convierten en el centro de toda explicación: ¿no son, acaso, los superdeportivos las nuevas catedrales, los símbolos del prestigio y el estatus? ¿No se trota con vestimentas tecnológicas, zapatillas adaptativas por la ciudad, como si eso fuera el último remedio de vivir el poco ponderado espacio común? ¿No se juega con la vida propia, de manera individual, suicida, cuando el reto es utilizar patinetes eléctricos y bicicletas fixies para ir de aquí para allá?

En última instancia, el desplazamiento diario para ir al trabajo, comprar pan o disfrutar de una película implica una movilización considerable de diversos recursos en complejas cadenas sociales y económicas. Este proceso va más allá de la simple ejecución de una tarea, ya que tiene implicaciones en las esferas empresariales, financieras y legales, generando una red de consecuencias, incluso de nuevos acontecimientos, no siempre deseados. Este entramado se sustenta en infraestructuras, artefactos, convenciones y normativas, entrelazándose con industrias como la del acero, el petróleo, los sistemas de marketing y el ámbito financiero y de seguros. Además, este sistema ejerce una influencia significativa en la creación de discursos y en la orientación de eventos en torno a los riesgos sociales, así como en la distribución de privilegios basados en la clase social, la edad, el género o la etnia. Como uno de los pilares de la sociedad del riesgo, este sistema de movilidad, centrado en el automóvil, busca constantes mejoras en comodidad y seguridad, especialmente para aquellos más integrados, representados por propietarios de vehículos nuevos y ostentosos. Sin embargo, los perjuicios y peligros asociados se externalizan hacia aquellos menos integrados, como los usuarios de motocicletas de baja cilindrada, los ciclistas no deportivos, los peatones que utilizan el transporte público, así como los propietarios de automóviles más básicos.

Evidentemente, tanto la industria automotriz como los propios automóviles —súmese camiones, tractores, motos, aviones, trenes, metros, bicicletas, mochilas…— desempeñan un papel fundamental y contingente en los acontecimientos históricos contemporáneos y son clave en la organización de nuestras sociedades. Los automóviles representan, por encima de todo, el triunfo de la globalización neo-económica que nos define y que, prácticamente, impregna todos los aspectos de nuestra sociedad actual, desde la organización de los hogares hasta la multiplicación constante e infinita del asfalto, desde la construcción de nuevas miradas y formas de ocio hasta el olvido de la sangre, sudor y lágrimas de aquellos trabajadores sobre los que todo esto se construye, o el desgaste en forma de cementerios de automóviles, desguaces y demás formas de desechos y basura que la industria esconde ofreciendo siempre nueva soluciones al futuro, pero no para su pasado. El automóvil, afirmativamente, se ha erigido como el objeto privilegiado de la sociedad de mercado, influyendo en nuestra percepción de las ciudades, en la movilidad y en el sistema de privilegios. El automóvil no solo se consume, es más que una simple mercancía, ya que también participa activamente en su distribución, comercialización y fabricación para convertirse fácilmente en el objeto bio-político predominante en nuestro sistema social de relaciones y representación.

Aprovechando plenamente las tecnologías de la comunicación en todas sus facetas de consumo, uso y mercado, el automóvil configura la noción de individualidad y sociedad, desde los embotellamientos en las grandes ciudades hasta los sistemas de representación patriótica, como se evidencia actualmente con los SUV (*Sport Utility Vehicle*), que cada país convierte en el centro del discurso propio e identitario, en la nueva bandera de la nación. En efecto, este *dispositivo* de la movilidad revela las dimensiones, fracturas y mecanismos sociales de poder que nos definen. El automóvil se transforma así en un espacio privilegiado donde el deseo contemporáneo va más allá de su función técnica y mecánica de transporte, concentrándose en la idea de que estamos frente a un sistema de poder que constantemente genera, desencadena y establece el control social, tanto como producto de consumo como elemento constante en su reproducción.

En este contexto, donde examinarse para tener el carnet de conducir es el nuevo ritual de paso juvenil, el automóvil ocupa ese lugar privilegiado de la contemporaneidad y es crucial destacar sus transformaciones en otros modelos de movilidad, desde los aviones de pasajeros, a los drones, pasando por las plataformas logísticas y de transporte, que se basan, en cierta medida, en aprovechar el potencial de las tecnologías de la comunicación. Esto incluye sistemas de control, disciplina y sistematización del riesgo, así como el imaginario predominante de empoderamiento asociado al automóvil en el mundo contemporáneo. Sistemas como Uber (una plataforma que reformula la idea del taxi), por ejemplo, revierten la noción de que el transporte colectivo es popular, masificado o sucio, al convertirlo, gracias a la representación del estatus social que implica tener un coche con chofer, en un servicio privilegiado y clasista. En este sentido, el automóvil establece relaciones cruciales en las cuales los trabajadores —ya sea aquellos que conducen, fabrican o simplemente desean— se convierten en parte de un mercado continuamente abastecido por su labor. La idea de que vivimos en un mundo dominado por el transporte olvida la condición de los barcos, los contenedores, los camiones, los raiders y la logística está realizada por una suerte de tercerización del mundo laboral, donde la precariedad y la exclusión social son lo normal. A lo mejor los automóviles no son el futuro de la humanidad, pero seguro que, si nada cambia, son el fin de lo humano como ahora lo conocemos.

Agradecimientos

Todos mis textos, incluido este libro y también lo que escribo en unos cuadernos de infantiles cuadraditos —lo hago para no olvidar, porque olvido hasta lo que escribo—, son parte de constantes diálogos con gentes a las que tengo mucho que agradece,r, ya que constantemente me apropio de sus esfuerzos: Foucault, Negri, BIFO, Woolf, Lévi-Strauss, Goffman, Sontag, Bateson, Tiqqun, Deleuze, Guattari, Turner, Weber, Kaffa, Kristeva, Adorno, Bordieu, Douglas, Lisón, Semprún, Castro-Gómez, Agamben, Castro Flores, Lomnitz, Fanon, Nietzsche, Arendt, Weil, Wittig, Butler, San Román, Preciado, mi padre, Derrida, Moreno Pestaña, Dietz, Platero, Spinoza, Benjamín... y, sobre todo, a Johnny Rotten, Chrissie Hynde y Santiago Auserón. Pero no creo que, a ninguno de ellos, vivos o muertos, les importe nada lo que yo aquí diga o haga, ya que están sólo para iluminarnos en la noche más oscura.

A lo largo de los últimos 15 años he trabajado con el tema de los objetos privilegiados del capitalismo. Especialmente, he estado dedicado a aquellos que son propios de los regímenes de movilidad y esto me ha llevado a realizar trabajo de campo con automóviles, mochilas y aviones en México, Chile, y aquí, en territorio español, especialmente en la ciudad de Jaén. Como es imposible hacer un trabajo en solitario, un montón de instituciones, revistas y colegas me han acompañado en todos los niveles de la construcción de un trabajo como este. Durante este tiempo, he podido ir a un puñado de instituciones académicas y de investigación, así como a algunos encuentros en forma de jornadas y congresos donde he propuesto ideas y avances de investigación. En estos espacios un buen número de amigos me han brindados reflexiones y aportes que han sido significativos: Eleder Piñeiro y Carlos Diz (UDC), Almudena García Manso, Ana Martínez Pérez y Antonio Martín (URJC), Carlos Massé, Ivet Vilchis y Gustavo Segura (UAEM, México), José Manuel Crespo (UMA), Juan Pablo Suárez (USB, Colombia), Raúl Zarzuri (AHC, Chile), José Mansilla (UAB), Manuel Delgado, Gerard Horta y María Jesús Buxó (que leyó un primer manuscrito y me hizo potentes apreciaciones) (UB), Ángel Martínez Hernández y Joan Josep Pujadas (URV), José Carmelo Lisón Arcal, Ignacio Pichardo y Enrique García Pérez (UCM), Ángel Acuña, Carmen Gregorio, Jesús Jurado y José Antonio González Alcantud (UGR), Sergio D. López (SUNY Potsdam), David Lagunas (US), Anastasia Téllez (UMH), Celeste Jiménez de Madariaga (UHU), Romina Grana (UC, Argentina), José

Luis Solana, Matilde Peinado, María del Carmen Sánchez Miranda, José Domingo Sánchez, Sergio Quesada e Isabel Moreno (UJA), Eloy Gómez Pellón (UNICAN), Javier Eloy Martínez Guirao, Fina Antón y Luis Álvarez Munárriz (UM), Marc Montijano (UMA), Honorio Velasco y Beatriz Pérez Galán (UNED), Olatz González Abrisqueta (UPV), Daniela Bachmann Vera (UACH, Chile), Araceli Jiménez Pelcastre (UAEH), Guadalupe Gómez Abeledo (UTELVT, Ecuador), Francisco Ferrándiz y Pedro Tomé (CSIC), y Javier Marcos Arévalo (UEX).

Agradezco de manera muy significativa la oportunidad de poner algo de mi trabajo sobre movilidades en forma de artículos en las siguientes revistas: *Disparidades, Revista de Antropología* (CSIC), *Revista de Antropología Iberoamericana* (AIBR), *Gazeta de Antropología* (UGR), *Revista de Antropología y Sociología, Virajes* (UCALDAS, Colombia), *Cuicuilco, Revista de Ciencias Antropológicas* (INAH), *Methaodos, Revista de ciencias sociales* (URJC), *Nómadas, Critical Journal of Social and Juridical Sciences* (UCM. Hecho tanto de menos a su fundador, Román Reyes, el cual siempre me animó a que siguiera en la trinchera) y *Vínculos, sociología, análisis y opinión* (UDG, México).

Eleder Piñeiro me ha hecho un prólogo para este trabajo, para mí es un regalo y la mejor manera de sellar nuestro pacto de amistad que ya cumple dos décadas.

A La Vorágine, en su capacidad crítica más allá de cualquier contratiempo, mi más sincero agradecimiento por apostar por un proyecto editorial en un tiempo en que los libros parecen objetos arqueológicos.

Neil, Darío y Ana me enseñan a diario lo que significa vivir en este mundo. Y a Ana Martínez Rodero, que me acompaña hasta el infinito y más allá; a ella, este librito.

Un campo discursivo: la movilidad y su agenda

> «El viajar es un placerque nos suele suceder,
> en el auto de papa nos iremos a pasear»
> Gabi, Fofó y Miliki, *El Auto Nuevo*.

De: "PEÑALANDAJUANMANUEL"
<jmpenal@autlok.com>
Asunto: Proyecto tesis
Fecha: 15 de abril de 2017 10:15:20 GMT+02:00
Para: José Luis Castillo <jlcastillo@ujan.es>

Le anexo la memoria de la tesis para su aprobación, recordándole la premura en los trámites, ya que las becas salen en junio. En cualquier caso, le quiero ir a ver una tarde de estas, me he pasado por su despacho varias veces, pero nunca le encuentro. Saludos, Juan Manuel
Archivo adjunto

TITULO:
LA HERMENÉUTICA DEL AUTOMÓVIL: UTOPÍA, (DES) MEMORIA Y METÁFORA

RESUMEN:
Entre todos los objetos de consumo que Occidente ha producido desde principios del siglo XX, el automóvil es, sin duda, uno de los más interesantes. Este concentra aplicaciones tecnológicas, estéti-

cas, ideológicas e industriales que son difícilmente de encontrar en tal cantidad y calidad en otros productos. El automóvil ha conformado, además, en gran medida, el cómo construimos la arquitectura, el urbanismo e, incluso, las relaciones sociales entre grupos, clases y sociedades. El automóvil, en cuanto objeto de consumo, sirve como evaluador del estado económico y social de las naciones y concentra de una manera esencial lo que los individuos piensan de sí mismos y cómo se muestran ante el ejercicio social. El automóvil como objeto de consumo es, sin duda, uno de los concentradores culturales privilegiados para entender, explicar y mostrar las sociedades industrializadas, e incluso, aun así, otras muchas que mantienen otros modelos culturales. Podría decirse que, desde un punto de vista de la sociología de los individuos, la historia del automóvil es la historia contemporánea de los mundos capitalistas y, mucho más, de los postcapitalistas.

Pero esta misma amplitud, este nivel de concentrar tantísimos elementos, lo hace especialmente complejo de observar y, mucho más, de interpretar. La industria del automóvil se mueve en parámetros socio-económicos y el sentido del proceso estético, ideológico y de representación tiene tantas matizaciones sobre un mismo objeto que cualquier acercamiento no es sólo limitado y provisional, sino imperfecto y quizás muy poco realista. A todo ello se une, además, que la metodología para mirar es tan movediza como el objeto a mirar. Además, el automóvil es un producto estándar: la diferenciación y la repetición se dan en múltiples niveles y la frontera entre ambos es tan difusa como, en otros momentos, espesa. Como objeto de consumo, este tiene una vida social y simbólica que delimita espacios y tiempos, no siempre universales, y que tienen que ver con miradas específicas: puede que el automóvil esté fabricado en Japón o en Alemania, pero es simbolizado vitalmente allí donde se estaciona, conduce y muestra. Supera con mucho las barreras de lo transnacional, para hacerse, siempre, un elemento cotidiano y local. Igual ocurre cuando se le aplica la idea de gusto, de divisiones de grupos y clases sociales por medio de las marcas y de los modelos, ya que el objeto tiende a revolverse sobre sí mismo —dejando perplejo no sólo a mi persona, sino, incluso, a los departamentos de marketing—, para tomar dimensiones simbólicas más allá del grupo social al que hipotéticamente se adscribe.

PROPOSITO:
Evidentemente, el automóvil es un objeto de consumo que se mueve en los parámetros de la vida social, el mercado y la economía simbólica. Como cualquier otro objeto de consumo tiene unas características generales: es repetitivo, comerciable, finito, anunciado, funcional y está en relación con otros productos- objeto y servicios e instituciones; y otras específicas: es transformable, mitificado, representativo y asumido ideológicamente. Si contamos, además, que el automóvil es el segundo esfuerzo económico, tras la adquisición de una vivienda, del núcleo social de los mundos

capitalistas y que, sumado a lo largo de la vida de un individuo, será su principal gasto, es de suponer que no todo es explicable ni como necesidad, ni como gusto, ni, mucho menos, como elemento propuesto funcionalmente. Lo que, lejos de facilitar las cosas al científico social, se las complica enormemente. Además, el esfuerzo industrial que rodea al automóvil es igualmente complejo y poderoso: desde que un automóvil es sólo una idea en los departamentos de diseño y marketing hasta que está en las manos del consumidor final pasan demasiadas cosas, casi ninguna lineal, para que se puedan simplificar hasta el nivel de su comprensión general y, mucho menos, de su propia simplificación. Y si la estética del automóvil podría ser un ejemplo de los gustos del Occidente capitalista, no es menos cierto que lo es también de sus aspiraciones, miedos y grandes valores, e, incluso, de sus avances técnicos, mecánicos y de estilo de hacer empresas y sociedades de forma global.

Lejos de ser una anécdota el que muchos estados, sobre todo asiáticos, impongan restricciones a la compra de un automóvil, en todos los Estados el nivel de fiscalidad, normatividad y legalidad, tanto en el cómo y el porqué del objeto como en su uso y disfrute, hacen que el coche tenga miradas de una cierta centralidad. A lo que se le tienen que sumar las no pocas industrias y empresas de servicio que se relacionan con el objeto coche de forma directa (seguros, talleres, repuestos...), indirecta (constructoras de carreteras, señales, combustibles, transportes...) y colateral (carreras de coches en diferentes modalidades, coleccionismo, catálogos, publicaciones...). De esta manera, podemos decir que el automóvil no es sólo un concentrador cultural, sino que también una pieza clave del mundo occidental y, consiguientemente, uno de los elementos más característicos para explicarlo, entenderlo e interpretarlo.

Si me he ido a un lugar tan ajeno como los automóviles para hacer ciencias sociales sólo puede ser entendido porque he buscado dentro de mí algo que me fuera tan incómodo, como extraño. Lo paradójico es que vivir en una sociedad sobre-informada nos hace que nada nos sea desconocido y, consecuentemente, parece como si las reacciones ante los hechos sólo fueran a nivel epidérmico. De hecho, el regreso a una antropología que se pregunta lo diferente, lo diverso, cristaliza en lo extraño, en lo raro, en lo inexplicable que es evidente parte de nosotros mismos.

OBJETIVOS:

Un objeto tan complejo morfológica, sintagmática y semánticamente como el automóvil, que mueve tal nivel de relaciones, en tantos planos, es, automáticamente, un misterio indescifrable para la antropología. En consecuencia, desde una mirada más clásica de la antropología podría decirse que es un reto con el que los antropólogos podríamos sentirnos relativamente a gusto. Y no porque el coche pueda ser entendido a un nivel comunitario o, en su defecto, como un estudio de caso, sino porque plantea en si gran parte de lo que una antropología clásica podría desear: plantea una holística de la realidad social, concentrando lo que creemos que somos y dándole forma material. Pero, por otro lado, el coche permite una *teoría*, cristaliza la significación del objeto para los sujetos, incluido el investigador, y una *metodología*, donde el objeto ilumina sobre el tiempo y el espacio que contextualiza al sujeto. Para la antropología más clásica sólo el ritual tenía la fuerza de materializar la teoría social, sin embargo, el automóvil impone un ritual, en su conducción, en su compra, como objeto práctico y como deseo, y, de esta manera, se convierte en un ritual del mundo contemporáneo. Esta teoría de lo social asociada al automóvil es un regreso al significado que puede chocar, y de hecho lo hace, con una metodología del automóvil, no ya sólo a un nivel de la disciplina antropológica, sino sobre todo de la social. La metodología no podría estar más en relación a un contexto social: el automóvil permite a sus usuarios, a las naciones y al simple espectador situarse él y la sociedad en unas determinadas coordenadas. Los anuncios en televisión (*spots* publicitarios) de estos objetos explotan este choque entre teoría y metodología de manera constante. Los coches de gama alta están cargados de más teoría y, consecuentemente, de significación y no necesitan demasiada metodología, por eso se les puede proponer en medio de parajes naturales que en nada contextualizan. Sin embargo, cuanto más baja es la gama más metodología implementan, lo que significa que el coche se diluye entre edificios y sistemas urbanos de ordenación del espacio.

METODOLOGIA:

No es nueva esta diferenciación radical entre metodología y teoría. En la antropología social que ha intentado por todos los medios hacerse ciencia había un acuerdo entre la metodología, el cómo hacerse con los datos, y la teoría, el cómo ordenarlos. El problema, como no podría ser de otra manera, no proviene de ahí, sino del porqué. En última instancia, porque la metodología no es más que una teoría, un planteamiento de los significados en su aparataje histórico que aspira a tener un sentido cultural. El porqué es otra cosa. De las dos maneras que a priori podemos detectar un porqué funcionalista y un por qué estructural, es evidente que la antropología tiende a la segunda, aunque se ve tentada, por un simple ejercicio de cientificidad en sintonía con ciertas demandas sociales, a la primera. La resolución de la ecuación planteada entre el cómo y por qué tiene que darse en otra variante. En otras palabras, la teoría tiene que ser una aspiración permanente frente a la voluntad de la acción. Evidentemente, esto nos introduce en una serie de problemas que no son en absoluto fáciles de contestar, pero valga entender que estamos ante un ejercicio, el de la antropología, que tiene que plantear algún tipo de contestación y que esta no puede ser ni deducción ni, mucho menos, inducción de la acción. La antropología social sólo puede aspirar al pensamiento, a lo más al conocimiento o, mejor dicho, al conocer, de forma experimental si se quiere, pero nada más. En la falsedad de las dicotomías apriorísticas de las enseñanzas universitarias se etiqueta a los antropólogos entre los que se dedican a la acción de entre los que se dedican a la teoría, ya sea porque hacen 'mucho' trabajo de campo, ya sea porque aplican lo que piensan. Una falsedad como otra cualquiera. Todo es teoría en la antropología social, porque todo es teoría en la realidad social. Las formas de acción, como el ejercicio político, por ejemplo, se justifican y legitiman en la teoría. En última instancia, porque el ser humano se piensa a sí mismo, incluso cuando pretende sólo actuar.

Los que piensan en la acción tienen que tener una metodología, se dice, y poca teoría, acaso porque piensan en la transformación. Otra de esas tristes dicotomías: la teoría como fijación frente a la metodología como acción para la transformación. El criterio lamperuasino nos enseña que el cambio no significa transformación y que sólo el pensamiento está dotado de la fuerza para crear las condiciones del cambio. Podríamos plantearnos, incluso, que en un mundo tan dado a los cambios como es el occidental, que ha hecho de ellos parte de su *leitmotiv*, cuáles son los lugares, los espacios, las verdaderas proporciones de la transformación. Si pensamos por un segundo en los automóviles como parte de este ejercicio no es difícil llegar a la conclusión que estamos ante un elemento que es acción, que es cambio: el coche se mueve, se conduce, cambia como objeto casi cada seis meses, transforma los espacios e, incluso, dicen algunos, la personalidad de los individuos. Es un objeto, aparentemente, hecho para y por la acción. Pero todo esto se disuelve en la reflexión: el objeto, el automóvil, es sólo una aspiración, de ahí su cambio permanente hacía elementos menos permutables: el prestigio, la movilidad, el desarrollo de la propiedad privada, el mercado o la creencia de una cierta disciplina ciudadana. No se trata de valores pre-acción. Se trata de que la teoría es el núcleo duro de nuestra aspiración, como antropólogos/as, como ciudadanía, como sociedad.

BIBLIOGRAFÍA:

Appadurai, Arjun (Edit.) (1991) *La vida social de las cosas. Perspectiva cultural de las mercancías.* México, Grijalbo, CONACULTA. (Orig. 1986).

Bourdieu, Pierre (1988) *La distinción. Criterios y bases sociales del gusto.* Madrid, Taurus. (Orig. 1979).

Flink, James J. (1990) *The Automobile Age.* Cambridge, MA, The MIT Press.

Geertz, Clifford (2005) *Le souk de Sefrou. Sur l'économie de bazar.* París, Bouchène. (Orig. 1979).

Jakle, John A.; Sculle, Keith A. (2005) *Lots of Parking: Land Use in a Car Culture.* Charlottesville, VA, University of Virginia Press.

Miller, Daniel (Edit.) (2001) *Car Cultures.* Materializing Culture. Oxford, Berg. Urry, John (2003) *Global Complexity.* Cambridge, Polity.

Volti, Rudi (2006) *Cars and Culture: The Life Story of a Technology*. Baltimore, MD, Johns Hopkins University Press.

Wollen, Peter; Kerr, Joe (2004) *Autopia: Cars and Culture*. Londres, Reaktion.

● ✕ 🏠 🚐 ⌐

De: José Luis Castillo <jlcastillo@ujan.es>
Asunto: libro
Fecha: 15 de abril de 2017 20:51:16 GMT+02:00
Para: "Alejandro Jiménez Castro"
<ajimenca@ucnm.es>

Estimado Alex:

Me ha llegado tu libro, que me leído de una atacada, sintiendo una gran admiración por cómo tratas el tema y, a la vez, una enorme envidia por tu capacidad de trabajo y esa mirada profunda que te define. Estoy contigo en que la Transición fue un *performance* social y esas entrevistas a los presos políticos demuestran que sigues apostando por la reflexión apoyada en datos empíricos. Te reitero mi sincera enhorabuena. Aprovecho la ocasión para contarte que ya estoy metido en harina. Mi preocupación por los automóviles empieza a mostrarme un camino (te acuerdas que te lo comenté en la comida de la tesis de Murcia), me he hecho con la bibliografía básica y uno de mis doctorandos ha accedido a trabajar sobre el tema; a la vez, me he puesto en contacto con el grupo de sociólogos ingleses que tienen al automóvil como centro de su pensamiento, el propio Urry me anima a que haga mi aporte particular, lo que es mucho pedir, pero bueno ahí estoy. Mi idea básica es intentar superar el nivel de que los automóviles son objetos del capital, lo que me llevaría a una descripción de los usuarios y sus implicaciones por las categorías clásicas de clase, edad y género; incluso pasar por encima del núcleo de funcionalismos clásicos de nuestra disciplina, intentando explicar la sociedad como si fuera un centro mecánico de estilo de vida, acaso de comportamiento, siempre sujeto a 'mentalidades'.

Ya sabes lo que me aburre todo esto. Todo es dado por hecho y, una vez más, olvidamos que no trabajamos para un organismo oficial, ni para una empresa, que requiere 'saber'. En mis años de estudiante fui testigo de cómo se construía el consumidor antes incluso de tener el producto o una sociedad que demandará nada de nada. Me acuerdo mucho de Santiago cuando denominaba a aquellos estudios de corte cuantitativos *las cantarinas*, porque seguían la melodía que el director le marcaba... qué pena lo de Santiago, me comentaron en el congreso de Salamanca, donde te echamos de menos, que lo despidieron de la editorial... a ver si un día lo llamo y me cuenta cómo le va. Bueno, como te decía, quería superar la idea de que el automóvil es un objeto más en relación con los parámetros sociales clásicos. Entiendo que para aquellos que tienen el coche como centro de sus vidas comerciales e industriales los datos sean importantes; me hago cargo de que para el *Instituto de Estudios de Automoción* (míratelo en la red, que no tiene desperdicio) esa sociología sea importante, pero, a mi parecer, todo esto puede describir una cierta situación social, sin embargo, ni la interpela ni la explica. Pero es que, además, me aburre toda esa manera de hacer unas ciencias sociales que, al final, interesa sólo al que ha hecho el encargo del estudio. Vasta que veas la manera en cómo se expresa la Dirección General de Tráfico de este país para observar que toda la realidad es reducida a una estadística que en el mismo saco mete el comercio de los coches, los accidentes y las sanciones a los conductores...

Por lo tanto, quería entender el automóvil como algo más que, por un lado, como un objeto tecnológico contemporáneo que nos sirve de metáfora de la explicación de lo que somos y de donde estamos, y, por otro, como objeto que tiene una vida propia, tanto con un recorrido estético, industrial y comercial, cuanto más porque es el elemento clave de una compleja mirada de la democracia política vía empresarial, de los ideales de movilidad, o de la capacidad de transformar desde nuestras economías domésticas hasta los paisajes, las ciudades y las formas de hacer sociedad. En efecto, no quiero caer en la idea exagerada de que los coches sean el centro explicativo de todo lo social en el mundo contemporáneo (ya me dieron de lo lindo cuando publique aquello del riesgo y no me apetece más), lo que me planteo es que hoy por hoy es uno de los 'objetos' básicos para entender ese mismo mundo que ocupa de manera central. En cierta medida, podemos decir, con ese anclaje en las ideas prístinas de Durkheim, que el tema es la relación que se establece entre las economías del capitalismo y la idea de que lo contemporáneo se centra en la estrecha relación con la movilidad y la intercomunicación; todo lo cual, es obvio que cristaliza en tres elementos: uno político —el mercado—, otro simbólico —el automóvil—, y, por último, otro metafórico —el *cyborg*—. Lo humano se reduce de muchas maneras diferentes a una serie de tecnologías que lo amplían, lo significan y lo identifican. En este sentido es en el que quiero pensar los automóviles, como objetos que se relacionan con sujetos en contextos de prácticas sociales determinadas. No sé si todo esto te parece una de esas 'tonterías' que pensamos desde la universidad o si tiene algo más de peso.

En cualquier caso, no quería caer una vez más en una idea simplista de lo que es la sociedad, la sociología y las maneras críticas de pensarnos. Te agradecería que me comentaras tus ideas al respecto. Estoy en ese momento en que cualquier cosa es bienvenida. Por cierto, me comenta Zacarías que ciertas sugerencias tuyas fueron claves para su proyecto de Cátedra. Es decir, que sigues siendo clave para nosotros y aquí estás siempre presente. A ver si montamos un seminario para el otoño y te vienes unos días con Cristina... ¿Carlos sigue en San Francisco? Dile que, si puede, se quede allí. Aquí la cosa está fatal y estos están descaradamente vendiendo todo a sus amigos, ni las migas nos van a dejar. Bueno no te entretengo más, un abrazo. JL.

De: jlcastillo@ujan.es
Para: Paco Ortega <webmaster@latortugadeulises. blogspot.com>
Fecha: 16 de abril de 2017 23:12:05 GMT+02:00
Asunto: entrada blog

EL AUTOMÓVIL ES UN SUEÑO MODERNO

Cuando Jack Kerouac se suma a la Generación Beat, a mediados de los 50 del siglo XX, Estados Unidos está saliendo de la crisis producida por la Segunda Guerra Mundial y el *American Way of life* está desarrollándose como nunca. Es el momento del automóvil, que está pasando de medio de transporte a símbolo de deseo de consumo, y el instante en que el conductor se transforma en consumidor. Esta transformación finiquitaba la idea de vivir simplemente como humanos y afirmaba la idea de que somos nuestra tecnología. La Guerra había dejado una sensación de posibilidad y animaba a mostrarlo aplicando las tecnologías duales, de tanque a camión, de soldado a conductor, de ciudades con calles a la búsqueda de aparcamiento. En efecto, nada podía ser igual, la guerra había mostrado, por encima de cualquier otra cosa, que el mundo era pequeño, domesticable y capitalista. Y el símbolo de todo ello era el automóvil.

La hipótesis ahora es la de la pura cibernética, pero en el siglo XX el imperio concentró el deseo sobre el coche y obviamente como objeto del presente se hacía permanentemente futuro. La democracia, como promesa política, se dio en el automóvil y su verdadera capacidad era la de involucrar todos los niveles de lo social. Incluso la rebeldía más absoluta sólo se podía dar como parte del discurso ambivalente de los automóviles.

🚗 ✕ ⌂ 🚐 L

De: "Alejandro Jiménez Castro"
<ajimenca@ucnm.es>
Asunto: Re: libro
Fecha: 18 de abril de 2017 08:28:16 GMT+02:00
Para: José Luis Castillo <jlcastillo@ujan.es>

José Luis, Me alegra que te gustara el libro, aunque ya sabes que tu amigo Andrés Cortina me ha puesto a parir en el *Babelia*, creo que este tema de la Transición está viciado y que, a partir de ahora, me voy a concentrar en escribir novelitas y algún ensayo para Anagrama, como hace él. Con respecto a lo que me comentas de tu trabajo ya sabes que en realidad poco o nada te puedo ayudar con el tema de los coches. Aunque te adjunto algunas ideas que me vienen al hilo de todo esto. Pero te reitero que poco te puedo ayudar.

La mirada de las ciencias sociales con un sesgo economicista (incluso te diría que marxista) encontró en los objetos más que simples *cosas*. Era todo un mundo de saberes, prácticas y de símbolos. Pero, además, la incorporación de categorías de análisis como ciudadanía o consumo estaban relacionadas más que con identidades subjetivas con sujetos que se adscribían con prácticas en relación a objetos. Entenderlos es, consecuentemente, clave para percibir las formas sociales y culturales de Occidente, y, por qué no, a todo lo que tiene de occidental el resto del mundo. En este sentido puede decirse que los objetos tomaban una suerte de hermenéutica del capitalismo, donde no hay interpretación sin establecer niveles y no hay niveles sin procesos simbólicos.

Estos niveles (simbólicos) están en relación con ciertos criterios de consumo, concentrados en la moda como soporte estético, los automóviles, los objetos del hogar, cuando no en la propia arquitectura en sí misma y las formas de ocio; en última instancia, se trata de significados que muestran la quintaesencia de las sociedades del espectáculo capitalista. Pero si los objetos significaban verdades, es decir, eran capaces de dar contenido a los individuos y formaban representaciones sociales, también revelaban la capacidad para recrear funcionalidades. La ropa o los automóviles tienen la capacidad de crear representaciones donde es muy complejo establecer la frontera entre el para qué sirven, acaso ya no para vestirnos o transportarnos sino como símbolos de prácticas que rearman los conceptos relacionados con el gusto (el deseo), la clase, la posición, el género, la edad e, incluso, los criterios étnicos.

Los objetos son, además, elementos que tienen que ver con el consumo y con el deseo o, dicho de otra manera, los objetos devienen en consumo vía deseo. El simple deseo es consumo, lo que, en cierta medida, viene a significar que es un fetiche y que pierde así su capacidad de asumir una mirada única sobre su fabricación, transformación y distribución. Los planteamientos más clásicos de la antropología económica ponían el acento en la cadena producción-distribución-consumo, pero desde hace años esto no es válido para los objetos capitalistas, relacionados sólo con el consumo. Esto es así hasta el punto de que la producción-distribución es o también consumo, o parte de realidades relacionadas con elementos de economía subalterna y emergente. Es lo que Pierre Bourdieu llama la potencia mercantil de los objetos, es decir, que para que un objeto sea socialmente relevante tiene que ser característicamente mercantil. El objeto es en la sociedad capitalista un elemento de consumo relacionado con su potencialidad mercantil. Para estas miradas los objetos tiene una suerte de vista social y pasan por lo que Appadurai entiende como las fases de transición, lo que vienen a ser los diferentes contextos por los que los objetos pasan a lo largo de su existencia. Obviamente, es una existencia siempre social, lo que les deifica y simboliza de manera diferente según la fase. Los objetos que producen-consumen las sociedades capitalistas pasan por una serie de fases que incluyen el momento en que están en producción, en distribución o en otras de sus etapas mercantiles. Incluso, como parte del uso, tiene un valor mercantil.

En fin… que no quiero que traigas el tema a donde no quieres, sólo que tengas en cuenta nuestra mirada, ya olvidada, del marxismo como respuesta.

Lo del seminario en tu universidad es imposible de momento, tengo la agenda que muero. De hecho, queremos ir a California este verano a ver al niño y no sé si después de Santander me podré cuadrar con Cristina. Un abrazote.

De: José Luis Castillo \<jlcastillo@ujan.es\>
Asunto: Propuesta de comunicación
Fecha: 18 de abril de 2017 13:17:40 GMT+02:00
Para: "Secretaría congreso" \<secrataria@ceidal.pt\>

Les adjunto el título y resumen de mi comunicación para el simposio 14, les agradecería me confirmaran la recepción.

Autores: José Luis Castillo Fernández (Universidad de Jeneiro); Antonio Malpica Pons (Universidad Javeriana de Madrid).

Título: LOS OBJETOS DEL CAPITALISMO, ENTRE LO SOCIAL Y LO INDIVIDUAL
Resumen: La estrecha relación de automóvil y vivienda se establece en estos juegos tensionados entre lo individual y lo social. El automóvil, tan individual, ha terminado por modelar el urbanismo, tan social, en acuerdos políticos que, sin

duda, son muy extremos en aquellos sitios donde la *cultur car* ha triunfado sin limitaciones. En México, donde el transporte público sigue siendo una realidad en la mayoría de sus ciudades, tener un coche tiene un significado de lo individual y lo social muy diferente de aquellos sitios donde, como en Los Ángeles, prácticamente se ha reducido a su mínima expresión, o, con referencia a Europa, donde el aparcamiento es tan caro como difícil de encontrar. El automóvil tiene connotaciones políticas según se plantee un uso y distribución de lo individual y lo social. Obviamente, implica un grado mayor de individualidad apostar por el automóvil que por el transporte público, pero no significa que rompa la tirantez en la arena política, pues más automóviles también implica más carreteras, aparcamiento y facilidades en su compra o en los seguros, a la vez que más normatividad, política, control y mayor riesgo de colapso acústico, ambiental y urbanístico. Como representación política, el automóvil está en el centro de todas estas tensiones, hasta el punto que a todo lo que significa como elemento de libertad y amplificación de individuo corresponde, a la vez, un mayor grado de normatividad y significación de la vida en sociedad.

🚗 ✗ ⌂ 🚐 L

De: "cortina, andres" <cotinagom@uniovie.es>
Asunto: Re: Babelia
Fecha: 22 de abril de 2017 15:02:12 GMT+02:00
Para: José Luis Castillo <jlcastillo@ujan.es>

José Luis, la verdad que el viaje desde Baeza fue muy agradable y la charla contigo muy instructiva. De tu comentario he deducido algunas cosas y no entiendo el cabreo de Jiménez Castro. En mi reseña para EL PAIS le salvo la cara y el libro, en realidad, es muy malo y no aporta nada; de hecho, obvia que han pasado más de treinta años de excelentes trabajos sobre el tema. Y si no fuera porque es un histórico no pasaría de ser un alumno aventajado. Además, ahora resulta que va de padre de todos. Por cierto, si vas con el corre-ve-y-dile le recuerdas que yo sigo viviendo donde siempre y que no mande mensajitos al departamento haciéndose de nuevas. Saluda a Jimena, Andrés.

🚐 ✖ 🏠 🚚 ❚

De: José Luis Castillo <jlcastillo@ujan.es>
Asunto: Re: Re: libro
Fecha: 23 de abril de 2017 00:15:57 GMT+02:00
Para: "Alejandro Jiménez Castro"
<ajimenca@ucnm.es>

Alex, Me gusta esa idea que aportas sobre superar el simple nivel del objeto e incluirlo en una perspectiva más de fetichismo. Desde mi punto de vista, el tema es complejo y no quería caer en decir un montón de tópicos; de hecho, una de las primeras tentaciones que hay que superar, y te puedo afirmar que no es fácil, es tomar a los automóviles como objetos etnográficos *per se* (como si fueran sólo núcleos de una estética a lo Gadamer). Y no se trata sólo de obviar el sentido cuasi semiótico o el análisis del objeto como representado, sino de intentar preñarlo de algún análisis social. Pero no es fácil, ya te digo, simplemente porque el automóvil está ahí, se hace presente por encima de casi cualquier otra consideración, tomando un papel protagonista que no permite ver más allá. Ya no es sólo que el propio investigador utilice un coche, sino que, se mire donde se mire, están los coches y en nuestra sociedad prácticamente no hay lugar donde el coche no sea una parte definitoria del paisaje. En consecuencia, tanta cantidad de información es difícil de tratar. Además, el automóvil por definición no se está quieto, es un objeto que se usa y la movilidad lo define (aunque creo que habría que decir que lo contiene más que lo identifica). Pero esto me lo tengo que pensar poco a poco. Lo que ahora me gustaría resaltar es que nos enfrentamos a un objeto de estudio multiplicado (creo que en esto te sigo en lo que dices en tu mail), pero escurridizo, amplificado e hibridizado.

Pero, en fin, sigo pensándome todo esto. Por cierto, me encontré a Andrés Cortina en un acto de la UNIA y te manda saludos, sigue como siempre. JL

De: "BERNARDO 003"
<bernadoesperso0042@hotmail.com>
Asunto: Re: Re: Re: horario tutoría
Fecha: 23 de abril de 2017 12:20:11 GMT+02:00
Para: José Luis Castillo <jlcastillo@ujan.es>

Profesor, ya me he leído el libro del mercado que me dijo y piensa lo mismo k yo, pr el tfno n tengo claro si tengo primero que poner la metodología o primero también la otra teoría. Me dijo que la introducción lo escribiera lo último, pero después de k. Además, aviso de que el grupo de gente k estudiado me dicen k ellos no saben nada de comprar y vender coches, por lo que creo que voy a entrevistar a uno de ellos que ha tuneado muy guapo el coche de su madre. Lo que me tiene que decir también y si le hago una historia de vida como hicimos para su asignatura y si hay algún guion diferente y que me pueda bajar de internet. Hasta el martes en la tutoría

🚗 ✕ 🏠 🚐 🅻

De: webmaster@latortugadeulises.blogspot.com
Asunto: Re: comentario RE: El automóvil es un sueño moderno Fecha: 23 de abril de 2017 11:22:31 GMT+02:00
Para: CASTILLO JL jlcastillo@ujan.es

Nos llega está entrada al blog para que apruebes. Obviamente, que has despertado la caja de los truenos con lo de los coches. Por cierto, para la otra semana mándame alguna imagen con la entrada. ¿A este tipo le vas a contestar ahora o antes lo apruebas? Tú me dices.

Inicio del mensaje reenviado:
De: acordinadero@gmail.com
Para: replies@latortugadeulises.blogspot.com>
Fecha: 20 de abril de 2017 14:37:46 GMT-04:00
Asunto: comentario RE: El automóvil es un sueño moderno

No es que no este acuerdo. Al contrario, lo que creo es que hay otra mirada. En Puerto Rico estamos estudiando los sistemas disciplinares de Guattari como dispositivos y tenemos una visión menos desde el imperio. De Hecho, "La historia del automóvil" (*Citroën 10 H.P.*) de Ilya Ehrenburg, publicado en 1925, viene a demostrar que no es sólo Estados Unidos el lugar donde el carro se da con una fuerza desmedida, hasta ser la parte explicativa de su fisonomía como País, sino que Europa, y concretamente Francia, representan el modelo alternativo. Parece que todo se reduce a una misma "verdad": el automóvil es el lugar privilegiado de la representación de la modernidad. Ehrenburg es más conocido por su eterno disentir como disidente político soviético, dejando una actitud muy de crítico de la crítica hacia el mundo del siglo XX, aunque sin olvidar su mirada marxista y su ingenuidad con sus referentes. Pero, dentro de toda su obra, es en ese libro menor en donde nos muestra, quizás, que la relación con la tecnología, con la fe ciega en el desarrollo industrial, en las posibilidades de la movilidad y en la seguridad es un espejismo que no tiene nada de natural. En la entrada del doctor Castillo se centra en la idea de que todo se reduce a la movilidad, pero dando cuenta de autores como Ehrenburg descubrimos que hay también una zona oscura en torno al mundo del carro y que está representado en la fábrica, el accidente o el endeudamiento.

De: "Grupo de Investigaciones en Movilidad" <GIM@googlegruops.com> : Newsletter - April 2017
Fecha: 23 de abril de 2017 16:35:15 GMT+01:00
Para: undisclosed-recipients:

Los automóviles como objetos característicos del mundo capitalista devienen en objetos mercantiles no solo, que también, por mercancías, sino que lo son además como objetos del capital que muestran el mercantilismo del símbolo, de su posesión y de los sentimientos que generan. Es decir, que fuera de ser elementos funcionales con lógicas de economía racionalista son, además, objetos que mecanizan la capacidad de desearlos y poseerlos. Los automóviles, en este sentido, hablan de los dueños y éstos hablan vía sus automóviles. Una suerte de comunicación social con un complejo código que se relaciona con elementos de clase, género, edad e, incluso, etnia. Consecuentemente, el automóvil, como objeto, es inminentemente social y expresa en sus consideraciones básicas las cosas que los individuos piensan de su papel en la sociedad, lo que implica no sólo códigos sociales asumidos, sino, también, los proyectados. Pero el automóvil como objeto social tiene, cuando menos, otros dos elementos más en su propia hermenéutica: su capacidad de movilidad y transporte, lo que tiene añadidos de significados en las transformaciones urbanas o en la pérdida/ganancia de movilidad de los sistemas colectivos, y, por otro lado, el automóvil como parte de un entramado industrial, lo que va desde pautas empresariales a las asumidas nacionalidades de los objetos propios, más a más con un elemento que nació a la par que las grandes teorías nacionalistas y que se asumió como retos puramente nacionalistas.

Dicho esto, podemos observar que los automóviles tienen tres niveles de análisis mínimos: uno, simbólico-mercantil, otro, socio-industrial y, por último, una evocación del ordenamiento social. El problema ahora es que, si bien estas coordenadas tendrán que ser los elementos rectores durante el trabajo de campo, la cuestión tiende a diluirse por otros muchos motivos y que, en líneas generales, son compartidos por cualquier trabajo de campo que se quiera abordar. En este sentido, la toma de posición durante el trabajo, la lejanía, la búsqueda de informantes y la resolución de los problemas básicos de la vida cotidiana son los mismos. El problema se inscribe, consecuentemente, en otro orden de cosas; uno la, digamos, extraña relación entre los automóviles y sus dueños y la delimitación, más o menos precisa, de cual es exactamente el lugar que ocupa en lo social, y dos, que sirve para entender, también, cuál es ese otro entramado de gustos, necesidades y deseos que terminan por normalizar ciertos objetos de donde el automóvil es clave.

De: "María Asunción Calleja" <macalle@ujan.es>
Asunto: [de3714] Dirdep
Fecha: 24 de abril de 2017 09:17:05 GMT+02:00
Para: dep3714@ujan.es

Estimados compañeros, adjunto os envío un texto que puede servir de base para abordar el punto 3 del inmediato Consejo de Departamento (previsto para el 29):

3. Atención, si procede, a la petición por la Asamblea de Trabajadores de la UJAN de debate y valoración del Informe de la Comisión de Expertos del Ministerio.

Se repartirán copias en el Consejo.

De la misma manera, queda pendiente que al punto 7 del consejo traigáis la petición de los seminarios que habíamos aprobado en el consejo extraordinario anterior:

Antropología: Vivir entre maquinas, del automóvil al cyborg.

Historia Moderna: Iniciación a la paleografía.

Geografía Física: Refuerzo a la asignatura del Grado.

Un saludo

De: "Antonio Malpica" <amalpica@ujm.es>
Asunto: Re: Congreso Portugal
Fecha: 23 de abril de 2017 08:40:07 GMT+02:00
Para: JLCASTILLO <jlcastillo@ujan.es>

José, tenemos que hablar de unas cosas para el congreso del CEIDAL, incluido el alojamiento, luego me cuentas. Por cierto, me dice Maricarmen que no tiene la dirección de los de Alicante, que se la mandes. Bueno que siento meterte en estos líos de la ANECA pero es que ahora soy también el secretario de todos. Dime que te parece esto. Llámame el viernes por la mañana que el finde me voy de boda a Béjar.

🚗 ✕ 🏠 🚐 🧳

De: José Luis Castillo <jlcastillo@ujan.es>
Asunto: RE: Proyecto tesis
Fecha: 24 de abril de 2017 23:37:36 GMT+02:00
Para: "PEÑALANDAJUANMANUEL"
<jmpenal@autlok.com>

Juan Manuel, no te olvides que esta tesis está dentro de un proyecto de investigación del departamento por lo que tienes que incluir algunas referencias de otro tipo. Por lo demás, decirte que tu pregunta de por qué investigamos esto y cuál es mi mirada del automóvil tiene también parámetros personales (y me gustaría que vieras como parte "modelo" para tu tesis), en última instancia tienes que encontrar tu estilo y tus razones. Veras que te adjunto unas lecturas, mira a ver qué se puede conseguir-interesar, he preparado una carpeta con artículos, con otro vaciado que le metas al ISI creo que estarás más o menos listo. Nos vemos el martes por la tarde, es que ahora ando muy liado y no puedo quedar para antes. JL

David M. Haugen, Matthew J. Box (Editor) (2005) Examining Pop Culture. Cars. Greenhaven Press ISBN: 0737725435

Daniel Miller (2006) Starting a Small Restaurant. Harvard Common Press ISBN: 1558322876

Heather Horst, Daniel Miller (2006) The Cell Phone: An Anthropology of Communication. Berg Publishers ISBN: 1845204018

Fred R. Myers (Editor) (2001) The Empire of Things: Regimes of Value and Material Culture. School of American Research Press ISBN: 1930618069

Frances Basham, Bob Ughetti, Paul Rambali (1994) Car Culture. Plexus Publishing ISBN: 0859650324 Gerald Raunig (2008) Mil máquinas. Breve filosofía de las máquinas como movimiento social. Traficantes de Sueños ISBN: 978-84-96453-33-2

De: José Luis Castillo <jlcastillo@ujan.es> Asunto:
Re: Re. Congreso portugal
Fecha: 25 de abril de 2017 21:09:58 GMT+02:00
Para: "Malpica Gómez, Antonio"
<amalpica@ujm.es>

OK. Como veo lo que me mandas se me ocurre otra cosa. Perdona... se me ha olvidado decirte que ya tengo las cifras, si quieres te las mando, aunque ahora es mejor dejarlo en algo más especulativo, siguiendo tus ideas. Pero ya veremos, porque lo de Portugal ya lo mandé, el resumen, y quizás mejor guardarnos esto para otra cosa, pensaba si no en un artículo para la revista de Jorge. Mañana te llamo.

Por cierto, te tengo que mandar un texto con lo que hablamos en el congreso de Manchester, es que por ahora no le veo mucho sentido. Bueno que no te entretengo que el viernes te digo.

🚗 ✂ 🏠 🚉 L

De: "Alejandro Jiménez Castro" <ajimenca@ucnm.es>
Asunto: Re: Re: Re: libro
Fecha: 26 de abril de 2017 06:34:17 GMT+02:00
Para: José Luis Castillo <jlcastillo@ujan.es>

Castillo, si en algún momento ves a Andrés le dices muy amablemente que yo me paso lo que diga el Babelia por ahí, que escribí en El País durante años, cuando era importante de verdad, antes de los 90. Y que si quiere dar clases de ortodoxia marxista que se apunte con sus amigos de Toulouse al congreso de la ESA. Saludos.

Automóvil

> «Quien todavía se sienta a gusto formando parte
> de esta humanidad o es que es oligofrénico
> o es que es otro sinvergüenza más. Pero yo
> veo caras satisfechas como las del ganado»
> Hans Lebert, *La piel del lobo*.

Un objeto sacramental

La paradoja de la ciencia es que, hablando de manera *sacramental* ("la realidad es"), sin embargo, todo en ella es una *metáfora* ("la realidad es como"). Esto se hace especialmente contradictorio en las ciencias sociales, donde lo transitorio de una explicación es acompañado por lo provisional de la realidad que se observa/describe. Por eso, cuando intenté hacer un acercamiento a la pregunta «qué es un automóvil» tope de manera inevitable con la idea de que todo era parte de un proyecto personal que no tenía un correlato claro en la academia. Por eso mismo, necesitaba saber en qué estaba la academia no sólo con respecto a este tema, sino sobre todo con respecto a sí misma. Los automóviles son un objeto importante para nuestra sociedad. No sólo conforman una parte central de la economía, sino que son 'el elemento' característico del capitalismo y, consecuentemente, uno de los destinatarios de la identidad tanto privada como pública (Haugen y Box, 2005. Volti, 2006. Wollen y Kerr, 2004). Un objeto, en definitiva, político, que centra el contrato social con respecto a la ciudadanía, al consumo y a la identidad personal.

Claro que el automóvil también es un hecho económico, artístico, transformador y gestionado de la vida de y en la sociedad. Total, nos encontramos ante una 'cosa' totalizante. Pero, a su vez, ante un objeto del que la academia se ha preocupado poco, o nada. Cómo hacer, consecuentemente, para resolver estas contradicciones: pues simplemente rompiendo la paradoja sacramento/metáfora y convirtiendo todo en una narrativa ficcionada de cómo funciona un objeto de estudio al interior de la academia. Este breve trabajo trata el tema del automóvil desde una posición, digamos, muy clásica, una introducción al tema, una hipótesis, un desarrollo, una demostración, unas conclusiones y una bibliografía, pero, para hacerlo, acudo a los entresijos de los movimientos al interior de la academia, donde todo tema, objeto de estudio y proceso de construcción social es parte, a su vez, de agendas y arenas de investigación que enmarcan el dónde, el cómo y el porqué.

En efecto, de entre todos los objetos de consumo que Occidente ha producido, desde principios del siglo XX, el automóvil es, sin duda, uno de los más interesantes, ya que concentra aplicaciones tecnológicas, estéticas, ideológicas e industriales que son difíciles de encontrar en tal cantidad y calidad en otros productos. El automóvil ha conformado, además, en gran medida, el cómo construimos la arquitectura, el urbanismo e, incluso, las relaciones sociales entre grupos, clases y sociedades. El automóvil, en cuanto objeto de consumo, sirve como evaluador del estado económico y social de las naciones y concentra de una manera esencial lo que los individuos piensan de sí mismos y cómo se muestran ante el ejercicio social. Además, como objeto de consumo es, sin duda, uno de los concentradores culturales privilegiados para entender, explicar y mostrar las sociedades industrializadas, e incluso, aun así, otras muchas que mantienen otros modelos culturales. Podría decirse que, desde un punto de vista de la sociología de los individuos, la historia del automóvil es la historia contemporánea de los mundos capitalistas y, mucho más, de los mundos globales postcapitalistas.

Pero esta misma amplitud, este nivel de concentración de tantísimos elementos, lo hace especialmente complejo de observar y, mucho más, de interpretar (Martínez Magdalena y Meléndez, 2014). La industria del automóvil se mueve en parámetros socio-económicos de tal magnitud que la hace inabordable, incluso, desde los análisis más micro y optimistas. En el mismo sentido, el proceso estético, ideológico y de representación tiene tantas matizaciones sobre un mismo objeto que cualquier acercamiento no es sólo limitado y provisional, sino imperfecto y, quizás, muy poco realista. A todo ello se une, además, que la metodología para mirar es tan movediza como el objeto a mirar. Además, el automóvil es un producto estándar: la diferenciación y la repetición se dan en múltiples niveles y la frontera entre ambos es tan difusa como, en otros momentos, espesa. Como objeto de consumo éste tiene una vida social y simbólica que delimita espacios y tiempos, no siempre universales, y que tienen que ver con miradas específicas: puede que el automóvil esté fabricado en Japón o en Alemania, pero es simbolizado vitalmente allí donde se estaciona, conduce y muestra. Supera con mucho las barreras de lo transnacional, para hacerse, siempre, un elemento cotidiano y local. Igual ocurre cuando se le aplica la idea de gusto, que está traspasada por elementos de necesidad y deseo, donde la gran cantidad de marcas, modelos, terminaciones y colores lo hacen una pieza clave de la toma de decisiones y, aunque sea posible hacer divisiones de grupos y clases sociales por medio de las marcas y los modelos, el objeto tiende a revolverse sobre sí mismo —dejando perplejo no sólo a mi persona, sino, incluso, a los departamentos de marketing—, para tomar dimensiones simbólicas más allá del grupo social al que hipotéticamente se adscribe.

El automóvil es un objeto de consumo que se mueve en los parámetros de la vida social, el mercado y la economía simbólica (Baudrillard, 1969). Como cualquier otro objeto de consumo tiene unas características generales: es repetitivo, comerciable, finito, anunciado, funcional y está en relación con otros productos-objeto y servicios e instituciones; y otras específicas: es transformable, mitificado, representativo y asumido ideológicamente. Si contamos, además, que el automóvil es el segundo esfuerzo económico, tras la adquisición de una vivienda, del núcleo social de los mundos capitalistas, y que sumado a lo largo de la vida de un individuo es el principal gasto, es de suponer que no todo es explicable ni como necesidad, ni como gusto, ni, mucho menos, como elemento propuesto funcionalmente. Todo esto, lejos de facilitar las cosas al científico social se las complica enormemente.

Además, el esfuerzo industrial que rodea al automóvil es igualmente complejo y poderoso: desde que un automóvil es sólo una idea en los departamentos de diseño y marketing hasta que está en las manos del consumidor final pasan demasiadas cosas, casi ninguna lineal, como para que se puedan simplificar hasta el nivel de su comprensión general y, mucho menos, de su simplificación. Y si la estética del automóvil podría ser un ejemplo de los gustos del Occidente capitalista, no es menos cierto que lo es también de sus aspiraciones, miedos y grandes valores, e, incluso, de sus avances técnicos, mecánicos y del estilo de hacer empresas y sociedades de forma global.

Dejando de lado lo que no parece ser una anécdota, el que muchos estados, sobre todo asiáticos, impongan restricciones a la compra de un automóvil, en todos los países el nivel de fiscalidad, normatividad y legalidad, tanto en el cómo y el porqué del objeto como en su uso y disfrute, lo hacen que tenga miradas de una cierta centralidad. A lo que se hay que sumar las no pocas industrias y empresas de servicios que se relacionan con el objeto coche de forma directa (seguros, talleres, repuestos...), indirecta (constructoras de carreteras, señales, combustibles, transportes...) y colateral (carreras de coches en diferentes modalidades, coleccionismo, catálogos, publicaciones...). De esta manera, podemos decir que el automóvil no es sólo un concentrador cultural, sino que también una pieza clave del mundo contemporáneo y, consiguientemente, uno de los elementos más característicos para explicarlo, entenderlo e interpretarlo (Horta y Malet, 2014).

Una antropología del automóvil

Si me he ido a un lugar tan ajeno como los automóviles para hacer ciencias sociales sólo pueden ser entendido porque he buscado dentro de mi algo que me fuera tan incómodo, como extraño (también en Anta, 2007, 2913a). Lo paradójico es que vivir en una sociedad sobre-informada nos hace que nada nos sea desconocido y, consecuentemente, parece como si las reacciones ante los hechos sólo fueran a nivel epidérmico. De hecho, el regreso a una antropología que se pregunta lo diferente, lo diverso, cristaliza en lo extraño, en lo raro, en lo inexplicable que es evidente parte de nosotros mismos (Delgado, 2007). Un objeto tan complejo morfológica, sintagmática y semánticamente como el automóvil, que mueve tal nivel de relaciones, en tantos planos, es, automáticamente, un misterio indescifrable para la antropología.

En consecuencia, desde una mirada más clásica de la antropología podría decirse que es un reto con el que los antropólogos podríamos sentirnos relativamente a gusto. Y no porque el coche pueda ser entendido a un nivel comunitario o, en su defecto, como un estudio de caso, sino porque plantea en sí gran parte de lo que una antropología clásica podría desear: plantea una holística de la realidad social, concentrando lo que creemos que somos y dándole forma material. Pero, por otro lado, el coche permite una *teoría*, cristaliza la significación del objeto para los sujetos, incluido el investigador, y una *metodología*, donde el objeto ilumina sobre el tiempo y el espacio que contextualiza al sujeto. Para la antropología más clásica sólo el ritual tenía la fuerza de materializar la teoría social. El automóvil impone un ritual, en su conducción, en su compra, como objeto práctico y como deseo, y de esta manera se convierte en un ritual del mundo contemporáneo. Esta teoría de lo social asociada al automóvil es un regreso al significado que puede, y de hecho lo hace, chocar con una metodología del automóvil, no ya sólo a un nivel de la disciplina antropológica, sino sobre todo de la social. La metodología no podría estar más en relación a un contexto social: el automóvil permite a sus usuarios, a las naciones y al simple espectador situarse en unas determinadas coordenadas. Los anuncios en televisión (*spots* publicitarios) de estos objetos explotan este choque entre teoría y metodología de manera constante. Los coches de gama alta están cargados de más teoría y, consecuentemente, de significación y no necesitan demasiada metodología, por eso se les puede proponer en medio de parajes naturales que en nada contextualizan. Sin embargo, cuanto más baja es la gama más metodología implementan, lo que significa que el coche se diluye entre edificios y sistemas urbanos de ordenación del espacio (Grupo Marcuse, 2009. Giucci, 2007).

Dicho todo esto... ¿se pueden estudiar los automóviles? Y, de ser así..., ¿cómo hacerlo? No es nueva esta diferenciación radical entre metodología y teoría, o, dicho de otra manera ,entre sociología e historia. En la antropología social que ha intentado por todos los medios hacerse ciencia había un acuerdo entre la metodología —el cómo hacerse con los datos— y la teoría —el cómo ordenarlos y, luego, el hecho de ordenarlos—. El problema, como no podría ser de otra manera, no proviene de ahí, sino del porqué. En última instancia, la metodología no es más que una teoría, un planteamiento de los significados en su aparataje histórico que aspira a tener un sentido cultural. El porqué es otra cosa. Hay dos maneras que podemos utilizar a priori: un porqué funcionalista y un porqué estructural. Es evidente que la antropología tiende a la segunda, aunque se ve tentada, por un simple ejercicio de cientificidad en sintonía con ciertas demandas sociales, a la primera. La resolución de la ecuación planteada entre los cómo y los porqué tiene que darse en otra variante. En otras palabras, la teoría tiene que ser una aspiración permanente frente a la voluntad de la acción.

Esto nos introduce en problemas que no son en absoluto fáciles de contestar, pero valga entender que estamos ante un ejercicio, el de la antropología, que tiene que plantear algún tipo de contestación y que ésta no puede ser ni deducción ni, mucho menos, inducción de la acción. La antropología social sólo puede aspirar al pensamiento, a lo más al conocimiento o, mejor dicho, al conocer, de forma experimental, si se quiere, pero nada más. En la falsedad de las dicotomías apriorísticas de las enseñanzas universitarias se etiqueta a los antropólogos entre los que se dedican a la acción, ya sea porque hacen 'mucho' trabajo de campo, ya sea porque aplican lo que piensan, de los que se dedican a la teoría. Una falsedad como otra cualquiera. Todo es teoría en la antropología social, porque todo es teoría en la realidad social. Las formas de acción, como el ejercicio político, por ejemplo, se justifican y legitiman en la teoría. En última instancia, porque el ser humano se piensa a sí mismo, incluso cuando pretende sólo actuar.

Los que piensan en la acción tienen que tener una metodología, se dice, y poca teoría, acaso porque piensan en la transformación. Otra de esas tristes dicotomías: la teoría como fijación frente a la metodología como acción para la transformación. El criterio lamperuasino nos enseña que el cambio no significa transformación y que sólo el pensamiento está dotado de la fuerza para crear las condiciones del cambio. Podríamos plantearnos, en un mundo tan dado a los cambios como es el occidental, que ha hecho de ello parte de su *leitmotiv*, cuáles son los lugares, los espacios, las verdaderas proporciones de la transformación. Si pensamos por un segundo en los automóviles como parte de este ejercicio no es difícil llegar a la conclusión de que estamos ante un elemento que es acción, que es cambio: el coche se mueve, se conduce, cambia como objeto casi cada seis meses, transforma los espacios e, incluso, dicen algunos, la personalidad de los individuos. Objeto, aparentemente, hecho para y por la acción. Pero todo esto se disuelve en la reflexión: el objeto, el automóvil, es sólo una aspiración, de ahí su cambio permanente hacía elementos menos permutables como el prestigio, la movilidad, el desarrollo de la propiedad privada, el mercado o la creencia de una cierta disciplina ciudadana (Heiber, 2018. Kreimer,2006. Flink, 1990. Wright, 2013). No se trata de valores proactivos. Se trata de que la teoría es el núcleo duro de nuestra aspiración, como antropólogos, como ciudadanos, como sociedad.

Habría que intentar, sin embargo, superar el nivel de que los automóviles son, simplemente, objetos del capital, lo que me llevaría a una descripción de los usuarios y sus implicaciones por las categorías clásicas de clase, edad y género; incluso pasar por encima del núcleo de funcionalismos clásicos de nuestra mirada, intentando explicar la sociedad como si fuera un centro mecánico de estilo de vida, acaso comportamiento, siempre sujeto a 'mentalidades'. En los años 80 se dio una interesante paradoja y pudimos asistir a cómo se construía el consumidor antes de tener el objeto *smartphone*, antes del producto ideado, antes de una sociedad que demandará nada de nada. Entonces se trataría de superar la idea de que el automóvil es un objeto más en relación con los parámetros sociales clásicos. Entiendo que para aquellos que tienen el coche como centro de sus vidas comerciales e industriales los datos sean importantes, me hago cargo de que para el Instituto de Estudios de Automoción esa sociología sea importante, pero a mi parecer todo esto puede describir una cierta situación social, pero ni la interpela ni la explica. Basta observar la manera en cómo se expresa la Dirección General de Tráfico de este país para observar que toda la realidad es reducida a una estadística que en el mismo saco mete el comercio de los coches, los accidentes y las sanciones a los conductores.

Por lo tanto, quería entender el automóvil como algo más. Por un lado, como un objeto tecnológico contemporáneo que nos sirve de metáfora de la explicación de lo qué somos y de dónde estamos y, por otro, como objeto que tiene una vida propia, tanto con un recorrido estético, industrial y comercial, cuanto más porque es el elemento clave de una compleja mirada de la democracia política vía empresarial, de los ideales de movilidad, o de la capacidad de transformar desde nuestras economías domésticas hasta los paisajes, las ciudades y las formas de hacer sociedad (Berta, 2017. Buxó, 2007. García Ochoa, 2008. Piglia, 2014). En efecto, no quiero caer en la idea exagerada de que los coches sean el centro explicativo de todo lo social en el mundo contemporáneo, lo que me planteo es que hoy por hoy es uno de los 'objetos' básicos para entender ese mismo mundo que ocupa de manera central.

En cierta medida, podemos decir, con ese anclaje en las ideas prístinas de Durkheim, que el tema es la relación que se establece entre las economías del capitalismo y la idea de que lo contemporáneo se centra en la estrecha relación con la movilidad y la intercomunicación (Bericat, 1994), todo lo cual, es obvio que cristaliza en tres elementos: uno político —el mercado—, otro simbólico —el automóvil—, y, por último, otro metafórico —el *cyborg*—. Lo humano se reduce de muchas maneras diferentes a una serie de tecnologías que lo amplían, lo significan y lo identifican. En este sentido es en el que quiero pensar los automóviles, como objetos que se relacionan con sujetos en contextos de prácticas sociales determinadas.

Consumo, automoción y post-capitalismo

Cuando Jack Kerouac se suma a la generación Beat, a mediados de los 50 del siglo XX, Estados Unidos está saliendo de la crisis producida por la Segunda Guerra Mundial y el *American Way of life* está desarrollándose como nunca. Poco después, Ken Kesey recorre con más audacia todo su país con un grupo de amigos, algunos de la generación Beat, donde llevará la idea del automóvil hasta un proceso que centra su idea de movilidad, de 'policonsumo' y de resistencia ante el orden legal. Obviamente, es el momento del automóvil, pasando de medio de transporte a símbolo de deseo de consumo y haciendo del conductor un consumidor. Una transformación que finiquitaba la idea de vivir simplemente como humanos y afirmando la idea de que somos nuestra tecnología. La Guerra había dejado una sensación de posibilidad y animaba a mostrarlo aplicando las tecnologías duales, de tanque a camión, de soldado a conductor, de ciudades con calles a la búsqueda de aparcamiento. En efecto, nada podía ser igual, la guerra había mostrado, por encima de cualquier otra cosa que el mundo era pequeño, domesticable y capitalista. Y el símbolo de todo ello era el automóvil. La hipótesis ahora es la de la pura cibernética, pero en el siglo XX el imperio concentró el deseo sobre el coche y, obviamente, como objeto del presente se hacía permanentemente futuro. La democracia, como promesa política, se dio en el automóvil y su verdadera capacidad es la de involucrar todos los niveles de lo social. Incluso la rebeldía más absoluta sólo se podía dar como parte del discurso ambivalente de los automóviles.

La mirada de las ciencias sociales con un sesgo economicista (incluso diría que marxista) encontró en los objetos más que simples 'cosas'. Era todo un mundo de saberes, prácticas y de símbolos (Appadurai, 1991. Myers, 2001. Raunig, 2008). Pero, además, la incorporación de categorías de análisis como ciudadanía o consumo estaban relacionadas más que con identidades subjetivas con sujetos que se adscribían con prácticas en relación a objetos (Urry, 2003). Entenderlos es, consecuentemente, clave para percibir las formas sociales y culturales de Occidente, y, por qué no, a todo lo que tiene de occidental el resto del mundo. En este sentido, puede decirse que los objetos tomaban una suerte de hermenéutica del capitalismo, donde no hay interpretación sin establecer niveles y no hay niveles sin procesos simbólicos. Estos niveles (simbólicos) están en relación con ciertos criterios de consumo, concentrado en la moda como soporte estético, los automóviles, los objetos del hogar, cuando no la propia arquitectura en sí misma y las formas de ocio; en última instancia, significados que muestran la quintaesencia de las sociedades del espectáculo capitalista.

Pero, si los objetos significaban verdades, es decir, eran capaces de dar contenido a los individuos y formaban representaciones sociales, también revelaban la capacidad para recrear funcionalidades. La ropa o los automóviles tienen la capacidad de crear representaciones donde es muy complejo establecer la frontera entre el para qué sirven, acaso ya no para vestirnos o transportarnos sino como símbolos de prácticas que rearman los conceptos relacionados con el gusto (el deseo), la clase, la posición, el género, la edad e, incluso, los criterios étnicos. Los objetos son, además, elementos que tienen que ver con el consumo y con el deseo o, dicho de otra manera, los objetos devienen en consumo vía deseo. El simple deseo es consumo, lo que, en cierta medida, viene a significar que es un fetiche y pierde así su capacidad de asumir una mirada única sobre su fabricación, transformación y distribución.

Los planteamientos más clásicos de la antropología económica ponían el acento en la cadena producción-distribución-consumo, pero desde hace años esto no es válido para los objetos capitalistas, relacionados sólo con el consumo. Hasta el punto de que la producción-distribución es o también consumo, o parte de realidades relacionadas con elementos de economía subalterna y emergente. Es lo que Pierre Bourdieu llama la potencia mercantil de los objetos, es decir, que para que un objeto sea socialmente relevante tiene que ser característicamente mercantil. El objeto es en la sociedad capitalista un elemento de consumo relacionado con su potencialidad mercantil. Para estas miradas, los objetos tienen una suerte de vista social y pasan por lo que Appadurai (1991) entiende como las fases de transición, lo que vienen a ser los diferentes contextos por los que los objetos pasan a lo largo de su existencia. Obviamente, se trata de una existencia siempre social, lo que los deifica y simboliza de manera diferente según la fase. Los objetos que producen-consumen las sociedades capitalistas pasan por una serie de fases que incluyen aquella en que están en producción, en distribución o en otras de sus etapas mercantiles. Incluso como parte del uso tienen un valor mercantil.

Todo esto es visible cuando vemos la estrecha relación del automóvil y la vivienda, donde se establecen esos juegos tensionados entre lo individual y lo social. El automóvil, tan individual, ha terminado por modelar el urbanismo, tan social, en acuerdos políticos que, sin duda, son muy extremos en aquellos sitios donde la *cultur car* ha triunfado sin limitaciones. En México, donde el transporte público sigue siendo una realidad, en la mayoría de sus ciudades tener un coche tiene un significado de lo individual y lo social muy diferente de aquellos otros sitios donde, como en Los Ángeles, prácticamente se ha reducido a su mínima expresión; o con referencia a Europa, donde el aparcamiento es tan caro como difícil de encontrar (Jakle y Sculle, 2005). El automóvil tiene connotaciones políticas según se plantee un uso y distribución de lo individual y lo social. Obviamente, implica un grado mayor de individualidad apostar por el automóvil que por el transporte público, pero no significa que rompa la tirantez en la arena política, pues más automóviles también implica más carreteras, aparcamientos y facilidades en la compra o en la contratación de los seguros, a la vez que más normatividad, política, control y mayor riesgo de colapso acústico, ambiental y urbanístico (Toledo, 2002). Como representación política, el automóvil está en el centro de todas estas tensiones, hasta el punto que todo lo que significa como elemento de libertad y amplificación de individuo es, a la vez, un mayor grado de normatividad y significación de la vida en sociedad.

Por lo tanto, con el automóvil hay que superar el simple nivel del objeto e incluirlo en una perspectiva más de fetichismo (Dorfles, 1973). Desde mi punto de vista, el tema es complejo y no quería caer en decir un montón de tópicos; de hecho, una de las primeras tentaciones que hay que superar, y puedo afirmar que no es fácil, es la de tomar a los automóviles como objetos etnográficos *per se* (como si fueran sólo núcleos de una estética a lo Gadamer). Y no se trata sólo de obviar el sentido cuasi semiótico o el análisis del objeto como representado, sino intentar preñarlo de algún análisis social. Pero no es fácil, ya digo, simplemente porque el automóvil está ahí, se hace presente por encima de casi cualquier otra consideración, tomando un papel protagonista que no permite ver más allá. Ya no es sólo que el propio investigador utilice un coche, sino que, prácticamente, se mire donde se mire, están los coches y en nuestra sociedad, prácticamente, no hay lugar donde el coche no sea una parte definitoria del paisaje. En consecuencia, tanto nivel de información es difícil de tratar. Además, el automóvil por definición no está quieto, es un objeto que se usa y la movilidad lo define (aunque creo que habría que decir que lo contiene más que lo identifica). Pero esto lo tengo que pensar poco a poco, lo que ahora me gustaría resaltar es que nos enfrentamos a un objeto de estudio multiplicado, pero escurridizo, amplificado e hibridizado.

El automóvil como representación

El automóvil también toma un sentido de representación. En Pachuca, la capital del mexicano Estado de Hidalgo, en uno de los nuevos condominios para las clases medias, cerrados, controlados y delimitados sobre sí mismos, el automóvil es muy importante a la hora de poder moverse, ya que el transporte público está alejado y, a la vez, se torna en elemento que establece un cierto principio de clase (Fernandes, 2016). De hecho, cuando vienen nuevos vecinos, la manera más evidente de mostrarse, pero también de evaluar el quién es quién, se produce en primera instancia vía la 'observación-muestra' del automóvil. Y, así, algunas familias han aprovechado las condiciones y facilidades de una ciudad como Pachuca —donde por el valor de una pequeña casa en México DF es posible adquirir una *gran* casa en estos nuevos condominios, lo que desde una cierta perspectiva es visto como un claro ascenso social—, pero algunos de los residentes de las clases medias se quejan de que «vienen con automóviles viejitos que afean la colonia».

El automóvil, entonces, es también un identificador de clase y un sistema muy obvio de control de la realidad social. En este sentido, el sistema de representación también funciona en un sentido inverso al ejemplo mostrado con anterioridad. Así, los emigrantes intentan regresar a sus comunidades de origen con las posibilidades para hacerse una casa nueva y, sobre todo, con un automóvil que muestre su nuevo estatus económico. Lo obvio del automóvil, como sistema de representación, es que es un objeto que establece una cierta idea de simulacro de lo social, con una connotación panóptica de la realidad: muestra tanto como enseña y se ve tanto como se observa. De la misma manera, se trata de entender que es ante todo un avatar, dando lugar a una representación que se asocia a un sujeto y funciona como su identificador.

Hace unos años atrás, tuve la oportunidad de estudiar en Pachuca los mercados (*tianguis*) de coches de segunda mano, fundamentalmente traídos desde Estados Unidos por particulares, y hablar con muchos usuarios del coche más representativo de América —desde Alaska a la Patagonia—: las camionetas, una suerte de híbrido entre *pickups*, automóvil todoterreno, furgoneta y coche familiar. Hacer trabajo de campo sobre los coches tiene una dimensión desconocida, ya que son objetos que se viven de manera subjetiva a pesar de que todo en él es puramente social. Esto supone que hay prácticas y normatividades que forman parte de discursos complejos y de largo recorrido y que dan lugar a maneras en que se asume un objeto creando una suerte de subjetividad. Todo ello se centra, además, en la idea de que es una propiedad privada, además de un elemento y discurso que sólo se conjuga dentro de lo social. De ahí que tomara la decisión, primero, de ver cómo se adquiere, luego, cómo se consume y, por último, cómo se politiza. El miedo de una investigación así no sólo es preguntar por lo obvio, sino, una vez más caer, en la sobre-interpretación, como si detrás de todo se escondiera algo oculto, de ahí, claramente, que mi apuesta sea por lo más evidente.

En el *tianguis*, los coches son expuestos como si se tratara de un concesionario oficial, es decir, en un orden y manera donde puedan ser observados mientras se pasea. En este sentido, la diferencia radica en que los coches son, primero, de diferentes marcas, segundo que cada coche, a lo más un grupo de tres, son de un único vendedor y, tercero, que el automóvil a comprar es el que se expone y no una muestra, que obviamente en el concesionario oficial permite elegir el color, el tipo de motor o la incorporación de determinados extras (aire acondicionado, airbags, tipo de tapicería, etcétera). Curiosamente, lo que más acerca al sistema oficial por concesionarios de coches nuevos y los *tianguis* es el acto de la venta, ese momento en que alguien se interesa por el producto y hay que utilizar todos los recursos retóricos y de persuasión posibles para que definitivamente lo adquiera. En el tianguis se vende un tipo de producto cerrado, es el que es, y no hay manera de variación, dicho de otra manera, lo que hay lo es (lo que establece un principio social muy concreto). El comprador tiene una única opción, de ahí que sea tan importante que tenga una apariencia de producto cuidado y que en el precio incluya de alguna manera los 'extras' adecuados. Esto exige que, en cierta manera, los vendedores sepan cuáles son los gustos de sus posibles compradores, a la vez que estén atentos a lo que venden los otros. Por eso mismo, el *tianguis* es un enorme panóptico donde todos observan a todos.

Aquí todo está a la vista y la carga de la compra/venta radica en pequeños detalles de un marketing rudimentario: poner sobre los cristales delantero y trasero el año del coche, los extras y las posibilidades de cambio y forma de pago, mostrar una cierta simpatía hacia los visitantes y mantener un cierto orden y limpieza. De hecho, el tianguis es un lugar que establece gran parte de los códigos de la compra como un ritual del ocio, de esparcimiento y de relaciones sociales. Muchas familias sin una clara intención de comprar un automóvil pasean los fines de semana por el *tianguis* como una actividad más del ocio contemporáneo y, de la misma manera, una buena parte de los vendedores acuden al *tianguis* como una manera de realizar una actividad que tiene tanto de comercial como de pasatiempo, incluso acuden con sus familias, se relacionan con otros vendedores como acto social, juegan a las cartas y aprovechan para comer juntos. El *tianguis* se piensa a sí mismo como una enorme *comunitas*, donde se espera un equilibrio de fuerzas y donde aparentemente todo es comunión entre extraños.

El aparente orden del *tianguis* no es casual. Por un lado, porque nos encontramos con un espacio donde se establece un mercado, se compra y se vende, con una enorme carga de ritualidad. Existe una manera predefinida de cómo se tiene que actuar, qué se puede hacer y decir y, a la vez, unas reglas con significados, donde todo aquello que fundamenta el México contemporáneo está asignado sobre el objeto automóvil, concentrando lo que significa el adquirirlo. Claro está que a esto se suma el que se trata de objetos usados y que, de alguna menara, tienen que existir una serie de reglas que le den al objeto un valor que justifique su precio; así como una cierta seguridad de que el vendedor no está perdiendo su tiempo o su dinero en la transacción, mientras que el comprador tiene que ajustar el objeto a su deseo, a sus necesidades y a su capacidad económica, asegurándose un cierto grado de legalidad (que el automóvil no sea robado o tenga todos los papeles en regla...). Todo esto es lo suficientemente complejo para que, de alguna manera, exista un cierto orden reglamentado y que funcione una ritualidad que haga, cuando menos, operativo el sistema del *tianguis*. Por supuesto que un objeto como el automóvil, que está cargado de una simbología socialmente tan precisa como extensa, no puede pasar de unas manos a otras si no es con una reasignación de significados. La eficacia del sistema está en función de la normatividad alegórica que se establece entre vendedor y comprador, pero también porque se supone que existe un juego limpio entre todos los vendedores o que, al menos, existe un cierto conocimiento de la práctica que cada uno ejerce. Todo esto, claro está, con un respeto impuesto a la máxima ganancia.

De la misma manera que los compradores esperan conseguir el mejor precio a la baja, lo que supone una negociación con sus consiguientes tiras y afloja, el vendedor utilizara todas sus armas para conseguir el mejor precio a su favor. Partiendo de la idea de que la ganancia se da en la medida en que se compre barato y se venda caro. Esto supone que el vendedor, como intermediario, tendrá que utilizar algún sistema que haga atractiva su rentabilidad. Por eso, en el *tianguis*, cada vendedor intentará crear modos originales para adquirir sus productos más allá de los sistemas estándar. El *tianguis* muestra una suerte de marketing a la inversa, es decir, se muestra como un lugar donde el ahorro en los sistemas de venta se supone redundará en el mejor precio del objeto. Pero también en un juego limpio entre los vendedores, que cargarán gran parte del sistema sobre, primero, el automóvil en sí, y, segundo, sobre su capacidad de venta. Digamos que las técnicas son de lo más rudimentarias, pero también de lo más efectivas, ya que todo el artificio se propone sobre el objeto a vender y no sobre la parafernalia que lo rodea. Una clara diferencia sobre los concesionarios oficiales que el *tianguis* aprovecha para constituir una seña de distinción.

El *tianguis* tiende a ser un mundo sobre sí mismo y una muestra muy real del mundo económico-capitalista del México de hoy: un mundo de posibilidades y de deseos tanto de la movilidad social, como del moverse en el espacio, como de poseer objetos cargados de un significado de las representaciones del poder. El *tianguis* quizás sólo sea un espacio de compra y venta, pero dado que este es uno de los actos clave de las sociedades occidentales, automáticamente, lo convierte en un lugar central y donde los símbolos sociales toman significación con la clara voluntad de recrear el sistema cultural en su conjunto (Geertz, 2005). Además, el *tianguis* no recrea cualquier acto de consumo, sino que, desde la economía informal, tiende a legitimar el sistema social en su conjunto, lo que le convierte en una arena económica, política y social de primar orden.

La camioneta es un símbolo de poder. Poder en varios sentidos: desde el más local y concreto de acceso a un objeto, hasta el que muestra la sumisión de México a las maneras rurales del modelo estadounidense e, incluso, el dominio de su industria automovilística y de su mercado, incluido el de los objetos usados. Desde esta posición, el campo de poder se resuelve en la sociedad mexicana entre dos polos opuestos: el de la camioneta como representación y el de la camioneta como objeto necesario. En cualquier caso, los mexicanos necesitan medios de transporte en virtud de su modelo de vida, del que se aprovechan los proveedores estadounidenses haciéndolo en la medida que es un 'defecto' no tener una industria automovilística propia.

Puede que la camioneta establezca un modo de vida o, más bien, que pertenezca a un modo de vida, que sea un objeto reconocido dentro de un *habitus* (Bourdieu, 1988), pero en México la camioneta no es un objeto que responda sólo al modelo norteamericano, asociado, por un lado, al mundo rural y, por otro, a los nuevos estilos juveniles de transformación del objeto, sino que es reinterpretado a un proceso bien diferente, el de su practicidad y, consecuentemente, usado en el transporte y la vinculación con actividades que necesitan automóviles con capacidad de carga, y con el mundo urbano prácticamente en todas sus dimensiones. Estados Unidos y México son diferentes y, obviamente, la manera cómo aplican sus procesos sociales y culturales sobre un objeto aparentemente igual es lo que nos puede dar la clave de la diferencia y la diversidad (Torres, 2011). Además, está la frontera, pero esto es un punto que trataremos aparte. Insisto, porque no se trata de modelos enfrentados, ni incluso de situación de dominación, sino de una enorme complejidad que nos permite concluir, en la comparación, qué es igual y qué es diferente. Porque si hay un modelo en torno a la camioneta es, sin duda, el marcado, por lo menos a lo que México se refiere, por Estados Unidos, pero, a su vez, existe un nivel inferior de interpretación local y otro paralelo de representación.

De hecho, si en Estados Unidos un buen número de gente se puede permitir cambiar su camioneta con relativa frecuencia (3-5 años) es también porque existe un gran mercado de absorción de camionetas de segunda mano en México, fundamentalmente, pero se puede decir que en toda América Latina. De hecho, es el valor añadido que esto produce lo que hace que gran parte de la industria del automóvil americano se sanee cada cierto tiempo. Obviamente, el valor de uso es diferente en cada lado de la frontera y lo que a un lado es una camioneta viaja al otro solamente como una camioneta usada. De hecho, el valor está, consecuentemente, en el objeto y en la forma como dicho objeto se intercambia. No se trata sólo del valor que el objeto tiene sino del valor que también gana (y pierde) en el intercambio.

El automóvil tiene la capacidad de fetichizarse, en el sentido que pudo darle Marx en *El Capital*, en la medida que objeto y palabra tienden a ser inequívocas, hasta el punto de que la marca, el modelo y otros elementos distintivos son tan importantes, si no más, de lo que el objeto es por sí mismo (Miller, 2001). Esto es importante porque la camioneta en México puede ser un objeto tan versátil que la tendencia al fetichismo puede ser tanto de los usuarios como del conjunto social; incluso del antropólogo poniendo nombre a las cosas. Para entender cuál es el punto que une el *habitus* (entendida aquí como *cultur car*) con la industria del automóvil, con la legislación y con sus mundos aledaños —las petroleras, las compañías aseguradoras—, lo mejor es entender que el automóvil es representación, es decir, un símbolo político: un sistema de múltiples niveles que muestra desde criterios de identidad hasta diferentes arenas de dominio y control.

El automóvil por su propia dimensión de individualidad, pero también de objeto de consumo (múltiple y multiplicado) puede ser leído en tanto que es usado, cuanto más que se establece legislativamente. Esto permite ver exclusivamente sus elementos más relacionados con el individuo, el conductor, el dueño: el elemento integrado a la máquina. O, por el contrario, leer el automóvil de manera cuantitativa, asimilando a las unidades familiares o nacionales. Pero, en cualquier caso, el automóvil es representación de esa enorme maquinaria que es el poder, y donde las arenas de discusión son enormes ejercicios de tensión entre lo individual y lo social. Hasta el punto de que se podría decir, de una manera muy estructural, que el automóvil es el objeto de consumo social que representa lo individual, al igual que la vivienda (la cosa-hogar) es el objeto de consumo que representa lo más social de los individuos (Baudrillard, 2009).

El automóvil como producto social

Mirar coches sin duda impone, la mayoría de las veces, aplicar otra mirada. En América Latina, sin ir más lejos, estudian los sistemas disciplinares de

Guattari como dispositivos y tienen una visión menos occidental. De Hecho, *La historia del automóvil (Citroën 10 H.P.)*, de Ilya Ehrenburg (2008) y publicado en 1925, viene a demostrar que no es sólo Estados Unidos el lugar donde el automóvil se da con una fuerza desmedida, hasta ser la parte explicativa de su fisonomía como país, sino que Europa y concretamente Francia representan el modelo alternativo. Parece que todo se reduce a una misma 'verdad': el automóvil es el lugar privilegiado de la representación de la modernidad. Ehrenburg es más conocido por su eterno disentir como disidente político soviético, dejando una actitud muy de crítico de la crítica hacia el mundo del siglo XX, aunque sin olvidar su mirada marxista y su ingenuidad respecto a sus referentes. Pero, dentro de toda su obra, es en ese libro menor en donde nos muestra, quizás, que la relación con la tecnología, con la fe ciega en el desarrollo industrial, en las posibilidades de la movilidad y en la seguridad es un espejismo que no tiene nada de natural. Para las miradas disciplinares occidentales, tan foucaultianas, el objeto se centra en la idea de que el saber se reduce a la idea de movilidad, pero dando cuenta de autores como Ehrenburg descubrimos que hay también una zona oscura en torno al mundo del automóvil y que está representada en la fábrica, el accidente o el endeudamiento (Campbell, 2005). Los automóviles como objetos característicos del mundo capitalista devienen en objetos mercantiles no solo como mercancías, sino que también como objetos del capital que muestran el mercantilismo del símbolo, de su posesión y de los sentimientos que generan. Es decir, que fuera de ser elementos funcionales con lógicas de economía racionalista son, además, objetos que mecanizan la capacidad de desearlos y poseerlos. Los automóviles, en este sentido, hablan de los dueños y éstos hablan a través de sus automóviles (Queiroz, 2006). Una suerte de comunicación social con un complejo código que se relaciona con elementos de clase, género, edad e, incluso, etnia.

Consecuentemente, el automóvil, como objeto, es inminentemente social y expresa en sus consideraciones básicas las cosas que los individuos piensan de su papel en la sociedad, lo que implica no sólo códigos sociales asumidos, sino, también, proyectados (Barthes, 1980: 154-156). El automóvil como objeto social tiene, cuando menos, otros dos elementos más en su propia hermenéutica: su capacidad de movilidad y transporte, lo que tiene añadidos de significados, las transformaciones urbanas o la pérdida/ganancia de movilidad de los sistemas colectivos y, por otro lado, como parte de un entramado industrial, lo que va desde pautas empresariales a las asumidas nacionalidades de los objetos propios, más a más al ser un elemento que nació a la par de las grandes teorías nacionalistas y que se asumió como reto puramente nacionalista. Dicho esto, podemos observar que los automóviles tienen tres niveles de análisis mínimos: uno, simbólico-mercantil, otro, socio-industrial y, por último, una evocación del ordenamiento social. El problema ahora es que, si bien estas coordenadas tendrán que ser los elementos rectores durante el trabajo de campo, la cuestión tiende a diluirse por otros muchos motivos y que, en líneas generales, son compartidos por cualquier trabajo de campo que se quiera abordar. En este sentido, la toma de posición durante el trabajo, la lejanía, la búsqueda de informantes y la resolución de los problemas básicos de la vida cotidiana son los mismos. La contrariedad se inscribe, consecuentemente, en otro orden de cosas. Uno sería la, digamos, extraña relación entre los automóviles y sus dueños y, otro, la delimitación, más o menos precisa, de cuál es exactamente el lugar que ocupa en lo social, y esto sirve para entender, también, cuál es ese otro entramado de gustos, necesidades y deseos que terminan por normalizar ciertos objetos entre los que el automóvil es clave.

En definitiva, este capítulo trataba de ser una introducción a un objeto que nos pregunta sobre su inteligibilidad, tanto en cuanto es un objeto social con mucha vida propia, cuanto más porque es el hecho social más significativo de cuantos mantenemos en nuestras vidas cotidianas. De ahí que la pregunta «¿qué es un automóvil?» no pueda ser contestada —si es que tiene sentido hacerlo— si no es desde alguna posición forzada y en escorzo; la normalidad del objeto, su inmersión y vida social no permiten que se cuestione su identidad, a lo más, su transformación como objeto mecánico (Horst y Miller, 2006. Boyer y Freyssenet, 2001). Hemos normalizado las tecnologías hasta el punto de que no podemos nada sin ellas. Y sentir, incluso sentir las maquinas, es un trasunto puramente trans-tecnológico, nos atraviesa y nos 'segmenta' a la vez. El coche, puro automatismo social, se convierte, con la suma de nuestras vidas, en el dispositivo de la vida en sociedad.

Estamos, pues ante un objeto tan complejo morfológicamente, sintagmáticamente y semánticamente que mueve tal nivel de relaciones en tantísimos planos que es, automáticamente, un misterio indescifrable para las ciencias sociales. Esto da lugar a una teoría (significación del objeto para los sujetos) frente a una metodología (el objeto ilumina sobre el tiempo y el espacio que contextualiza al sujeto), de ahí que en este trabajo hayamos acudido al ejercicio literario-experimental, ya que no hay manera de pensar algo que no puede ser tratado desde un acercamiento que permita la mirada del binomio sujeto-objeto.

El automóvil ha sumado a las posibilidades de ser un trasladador (que traslada objetos y personas de un punto a otro) otros muchos elementos propios de las creencias e ideologías de los siglos XX-XXI. En un mundo de constantes intercambios, de eternas transnacionalidades, donde el automóvil tiende a sintetizar su idea, el automóvil, como objeto particular y particularizado, individual y sujetado, se convierte en eje de la interpretación local, casi personal, un elemento que sirve para ser más ciudadano, más subjetivo, más real. Consecuentemente, en cuanto es también objeto de deseo se convierte en un espacio cerrado en sí mismo, una suerte de fuerte inexpugnable, lleno de elementos de seguridad social, una máquina que no sólo genera la vida social, sino que la protege. El automóvil es, desde el primer siglo XX, el espacio donde la vulnerabilidad de lo humano, lo efímero de los objetos y las ideas son puestos a prueba en una suerte de mecánica donde el capitalismo se genera y crece, y donde la vida es reducida a la simple idea de ciudadanía normativizada.

El automóvil, con su tendencia a no mostrarse como un objeto político y sí sólo como una maquina funcional de dudoso planteamiento ético-estético —lo que no quiere decir que sea 'apolítico'—, mantiene en su capacidad de moverse una idea de auto-contextualidad, incluso en muchos casos de no-contextualidad, dando lugar a una 'paratextualidad' que es sólo 'metatextualidad': se presenta formalmente dando lugar a que el aparato físico y externo sea el mensaje, amplificando el ideal individual del propietario-conductor. El automóvil, en cuanto objeto híbrido, muestra su capacidad de ser un elemento de múltiples significaciones post-capitalistas: rompe las barreras de lo nacional para ser adscrito, o no, a una nación u otra; su fabricación y ensamblaje se hacen en una u otra parte; y, a la vez, se 'resignifica' dentro de un espacio/tiempo o en otro.

Entonces… ¿qué es un automóvil? Pues, básicamente, un objeto de representación política del capitalismo, una ocupación espacial en la que se forma y se reproduce, el objeto de uso que centra la idea de movilidad, desarrollo y normatividad. Sin duda, un generador de prácticas y no de poca teoría (Basham, Ughetti y Rambali, 1994). Este dispositivo que es el coche nos recuerda, y a su vez nos permite entender, que los significados ya no están en el texto, sino en su representación, lo que le da de manera directa un contenido político. Es verdad que, en cuanto objetos de consumo, la televisión, la radio, el frigorífico, la cocina de gas o el taladro percutor son tan populares y universales como el automóvil, pero, sin duda, el automóvil sigue siendo, a este respecto, el que marca la cuota más alta de representatividad. Podíamos decir con él que el símbolo es siempre político y que, consecuentemente, toda política es siempre la concatenación de una metáfora. La cuestión es que la política es, también, una forma de representación, sobre todo, de representación de lo social. Podríamos decir, además, por no liar con palabras ideas conceptuales diferentes, que el símbolo es para el conjunto social un elemento dado que tiene significado y es interpretable, ya que cuanto se representa es política.

La pregunta que hemos de hacerle a la etnografía, ese espacio donde lo social se hace dato sociológico, es, en este caso, cuánto se interpreta y cuánto se representa, y qué podemos significar de ello. Cabría suponer que la topografía de lo social, vía el automóvil, nos muestra una estructura (el cómo está hecho) y un sistema (cómo funciona) que nos permite entender, a lo Bourdieu, los campos de poder, ese espacio/tiempo donde se gestionan las fuerzas de la dominación a los objetos/ideas. Pero, ¿acaso no es esta la misma idea que tenemos de la ciencia en la academia, donde convertimos lo general en personal y el dispositivo en la *arena* de las propias divergencias? Quizás. En última instancia esta es una de las claves de la vida social y donde toma sentido la resolución de la paradoja que el automóvil plantea: se puede 'conservar' y 'transformar' a la vez. Consecuentemente, ya no podemos preguntar más qué es un automóvil, sino que debemos indagar por su genealogía, en cuanto que es esa palabra política que representa un objeto de dominación.

Avión

«Yo soñé con aviones que nublaban el día,
justo cuando la gente más cantaba y reía»
Silvio Rodríguez, *Sueño de una noche de Verano*.

Boarding

Abróchense los cinturones que despegamos. En
efecto, una etnografía del avión sólo puede significar que una vez más vemos los objetos del capitalismo avanzado como espacios privilegiados
para pensar lo social (Appadurai, 1991. Baudrillard,
1999). Y en el caso del avión, en concreto, porque
no sólo nos acercamos a él como un medio de
transporte —o acaso algún tipo de acuerdo econó-
mico-social, empresarial o tecnológico—, sino
como un símbolo de lo que somos, el lugar que
ocupamos y nuestra posibilidad de futuro.

En el interior de un avión ocurren muchas cosas
a la vez y también se dan múltiples prácticas que,
de alguna manera, suponen un cierto acuerdo político, cultural y, por supuesto, corporal. Muchos de
nuestros códigos culturales se encuentran metidos
dentro de ese aparato. En la medida que supone
una unidad de convivencia, el avión pone a prueba
nuestra identidad y no poca de nuestra realidad
como consumidores privilegiados, donde todo
se ve forzado en función de una verdad temporal y espacial limitadas. Pero el avión es un lugar
privilegiado para mostrar la genealogía de ciertos

elementos sobre los que la sociedad occidental ha hecho todo un cúmulo de creencias: la seguridad, la tecnología, la comunicación o la movilidad.

En efecto, el avión es ese espacio privilegiado para la investigación social (Bennett, 2006a. Burke. Wilson. Salas, 2003. Salas y Maurino, 2010. Wiggins y Stevens, 1999) que en forma de espejo nos devuelve uno por uno los conceptos de lo que nos define como sociedad y como individuos. Y dado que como espacio (etnográfico) se da en un lugar tan pequeño y con elementos realmente tan repetitivos y estandarizados, supone un lugar muy aprehensible para ver lo que esta sociedad piensa políticamente de sí misma y cómo pone en práctica sus necesidades y no pocos de sus deseos. En el avión la democracia comercial ha experimentado cómo se construye la exclusividad y lo popular en el mismo sentido, a la vez que la idea de la individualidad toma forma hasta conformar una cierta idea de que todos los sujetos son pura corporalidad, se diferencian en la medida en que son cuerpos aparentemente diferenciados, pero con el mismo destino. La individualidad, consecuentemente, se da en una cierta disciplina, efecto y causa de la necesidad de vivir en el avión.

En efecto, una vida que es en cierta medida un *passage* y, por lo tanto, colateral, a lo que ocurre en el mundo de los vivos. El avión, en este sentido, a pesar de su apariencia de total seguridad, y también por eso mismo, es ante todo un lugar donde es prácticamente imposible vivir. El nivel de control, y su respuesta en forma de cuerpos disciplinados, está más cerca de las viejas formas sociales relacionadas con el encierro, una mezcla entre cárcel y hospital psiquiátrico. En efecto, un lugar para la constante demostración de las eficacias, donde la funcionalidad se entiende como el desarrollo extremo de las economías: todo en él es un acuerdo tecnológico, para con el aparato, para con el sistema de relaciones, para con la estructura social, para con los cuerpos. Y así hay una gestión de los individuos en función de unos intereses y funciones que sólo pueden ser aplicados a sujetos en una realidad que no pueden determinar.

El avión es quizás el gran símbolo de la globalización tal cual la entiende el mundo empresarial occidental. No es tanto que este haya convertido el mundo en un lugar conectado, cuanto más porque lo que ha globalizado es el comportamiento disciplinar de los individuos (Aubert, 2003a). El avión es el símbolo de lo que somos como ciudadanos del mundo: cuerpos de consumo.

La globalización es exactamente la reducción de los elementos locales y característicos a un único proceso de comportamiento consumidor, el plegamiento de todo elemento cultural a un proceso productivo de consumo. El avión propone un comportamiento único, el de ser consumidores en el mundo global, de ahí que no haya miedo a lo que los sujetos puedan tener de particular, ya que su dinero o sus formas de comer son sólo preferencias dentro de un esquema único, el avión no democratiza el viaje, lo que hace es unificarlo en torno al consumo.

Nadie puede negar que el avión es, también, un lugar que se resiste a una mirada simple, ya que como espacio tecnológico y lugar de encuentro el avión no solo mueve su propia maquinaria, sino una enorme forma industrial donde todo es altamente sofisticado y desmesurado. Desde hace algún tiempo, me he dedicado a hacer algunas fotos en los aviones o tomar notas en una suerte de cuaderno de campo. Este trabajo responde a una cierta curiosidad, a la par que, a una manera, como otra cualquiera, de hacer algo con las horas de vuelo. Toda esta observación apunta a que, en el avión, básicamente, los sujetos se pasan el tiempo como, y sin cómo, dormitando, acaso leyendo y por lo demás como constreñidos a un montón de pequeñas actividades encadenadas que no dan una perspectiva real de nada. De hecho, ese extraño elemento técnico que se convierte en una mesa delante del pasajero, se baja y levanta tantas veces y de manera tan disciplinada que llega un momento en que se convierte en parte de las posibles maneras de ocio a bordo. Pero, además, el avión es una máquina que vuela de manera altamente sofisticada no sólo transportando gente de un sitio a otro, sino compitiendo en un mundo de decisiones empresariales de carácter internacional. Por último, el avión viene a complejizar cualquier forma de pensamiento al pertenecer a lo más granado de los contenedores de leyendas y mitologías del mundo contemporáneo, haciendo que el aparataje social, la dinámica histórica, el sistema económico y político, y las estructuras tecnológicas que explican, definen y relatan este mundo estén incrustados en todos y cada uno de sus remaches.

Taking off

Lejos de ser una máquina para el tránsito, el avión es, sobre todo, un lugar en el que el tránsito y la movilidad se hace materiales. La experiencia del tránsito toma una forma precisa que diluye en cierta medida las fronteras entre la tecnología y la experiencia de vida. Vivir el avión es, en este sentido, vivir la experiencia de una tecnología que hace del cuerpo un elemento sincrónico con el espacio-tiempo encapsulado, vivir la idea de que la institución total existe como elemento disciplinante y disciplinador (como lo entiende Goffman, 1987). El avión es, así, una disciplina total, exige la renuncia al libre albedrío, quizás la negación de eso que se llama vivir, en función de la correcta vida interior. Y, así, el miedo que expresa la gente a volar en avión es sólo el reflejo de un miedo anterior y que es creado por las políticas del control del Estado.

En una sociedad del riesgo el control no se da sobre lo que pueda pasar, en la medida que eso significa plegarse a lo humano, a lo inevitable, sino que se trata de establecer los mecanismos para controlar lo que las propias industrias provocan en su constante quehacer productivo (Anta, 2011. Beck, 2000). Así, todo accidente aéreo es planteado como un error humano, una enorme complejidad de factores que desembocan en la fe inquebrantable en la tecnología y en la imposibilidad de conocer todos los factores que concurren (Dismukes, 2009), cuando lo único que tiene de humano es la codicia de las empresas en su constante colonización de todos los consumidores, todos los espacios, de todo el mundo, tal cual lo ajustan para que el accidente sólo quede en un error. Aunque, obviamente, la única certeza que recibe un viajero es que, si hay un accidente, cosa que con toda seguridad le llevaría a la muerte, este será investigado. Nadie, consecuentemente, asegura que no haya un accidente, lo que si se asegura es que de haberlo será de alguna manera gestionado e investigado.

En el mundo de la aeronáutica, cualquier cosa (incluidas las causas y los efectos, incluido aquello que produce como imitación, Phillips, 1980) o es una unidad de producción o es susceptible de ponerse a producir, y no sólo un beneficio sino, sobre todo, una cierta gestión. Esta obvia producción de una determinada gestión es lo que relaciona al viajero con la sociedad del riesgo. De ahí que lo relevante no sea el accidente, sino su correcta y segura administración en caso de producirse. Es más que obvio que ha llegado un momento en que la única fe posible es en la tecnología, no porque sea una religión, sino por tratarse de una clara imposición de un mecanismo paradisíaco (Baudrillard, 1993. Maffesoli, 2001. Virilio, 1996, 2010).

La paradoja del viaje en avión reside en que si bien es obvio que la gente se desplaza lo hace en la medida en que no se mueve, la tecnología del avión es ante todo un intento para que nada parezca una experiencia de desplazamiento, acaso de viaje y nunca de volar. Esta anulación de la idea de movimiento del cuerpo impone una cierta idea de negación; pero una administración sobre los cuerpos es también una negación de la idea de experiencia, que es en realidad lo que hace el avión: imponer una negación de la experiencia de hacer, de vivir el momento. Aunque de manera subjetiva los sujetos viven en el avión en forma de *impasse*, de manera objetiva, desde la idea de una cierta objetividad, son cuerpos que tienen las características de los cadáveres: incapaces de hacer, de decidir y experimentar, todo atributo humano que reclame un sentimiento, una pasión, un deseo, es anulado en función de una imagen de la carne en su tránsito.

A finales de los años setenta, bajo una enorme influencia de Erving Goffman, Louis Zurcher (1979) desarrollo la idea de *grupo encapsulado,* para referirse a las personas que, voluntariamente o no, conviven en proximidad y de manera muy física por un tiempo limitado, sin que tengan nada más que el compartir acaso el marco de una construcción ecológica, tecnológica o mecánica, en definitiva, un equipamiento prediseñado. La idea de grupo encapsulado se ha aplicado, en este caso, a los pasajeros de avión, en la medida que son sujetos que se ven obligados a convivir bajo unas condiciones dadas, lo que los lleva a crear un cierto clima de convivencia que permita una cierta corrección. La idea de encapsulamiento permite, además, que los sujetos mantengan de alguna manera una cierta identidad propia, reforzando la idea de individualidad, frente a la idea de grupo en riesgo. A todo ello hay que sumar que todo encapsulamiento es ciertamente la administración de algún nivel de secreto, de elemento donde los sujetos se pliegan a todo un saber ajeno a ellos. En el interior de un avión todo parece meticulosamente medido de antemano, hasta el punto que refuerza el estereotipo social del convivir. Obviamente, un convivir puramente occidental, donde los horarios de comidas y el dormir marcan el ritmo de la vida a bordo, y donde los sujetos se fían, en cuanto cuerpos de consumo, de la correcta administración de todo lo que el avión supone en cuanto que es una máquina sofisticada que requiere muchos conocimientos y saberes prácticos no al alcance de todos.

Y, mientras los sujetos son encapsulados, todo su saber está en el territorio de la *cajanegrizacion* (Bunge, 2000. Latour, 1998: 249-302. Latour, 1999. Ramírez Sánchez, 2007), un espacio concreto donde todo lo que pueda ocurrir se ve reducido a un actuar sin saber exactamente cuáles son los mecanismos de causa-efecto que produce la tecnología que usamos. El pasajero de un avión se convierte así en un individuo que se ve abocado a una realidad metafórica con respecto a la enorme sofisticación de los elementos que, de una manera o de otra, hacen que se encuentre viajando. De hecho, como si de una forma narrativa concreta se tratara, se dan una serie de mecanismos económicos, políticos y empresariales que hacen imposible que el sujeto entienda todo lo que está ocurriendo; no ya sólo porque el avión está volando, sino además porque hay toda una discursividad tecnológica con respecto a la práctica concreta de consumir movilidad.

Las tecnologías de un avión son claramente parte de un éxito empresarial: los sujetos viajan, o eso creen, sin que puedan establecer con claridad las mecánicas y tecnologías que los rodean, a la vez que mientras sean parte del ejercicio de la movilidad no son cuestionadas, haciéndose de esa manera no sólo parte de un mundo experto, sino ante todo eficaz. Y es que en el avión no puede ocurrir nada. La tecnología no sólo impone un control absoluto de las posibilidades de que exista un accidente, que es reducido a un número estadístico cercano al cero. Todo ello porque en realidad el dominio de las tecnologías mecánicas y electrónicas son relativamente simples, en la medida que se basa en una doble disposición de lo previsible y lo probado (Heiber, 2010). Sin embargo, las tecnologías sociales imponen una complicada gestión de los sujetos. De alguna manera, hay una imposición a que el único elemento que puede ser experimentado al interior de un avión es la disciplina. Por eso, no tiene sentido que ocurra nada, porque los sujetos han sido privados de toda posibilidad de que tomen una decisión que pueda dar lugar a que ocurra algo. Pero, para disciplinar a los sujetos, se necesita que funcione la imposición sobre los cuerpos de una individualidad; dicho de otra manera, el habitar un avión impone una disciplina que de una cierta manera crea la idea en los sujetos de que por encima de todo está su individualidad. Definitivamente, la individualidad es un efecto de la disciplina, de la misma manera que la disciplina produce sujetos individuales.

Flying

Más allá de la propia historia de la aviación comercial-civil, que se plantea de manera lineal como una serie de elementos tecnológicamente inevitables (Crouch, 2004. Millbrooke, 1999), podemos observar que esta ha tenido dos momentos claves que han significado una refundación de la relación existe entre la tecnología del volar y los pasajeros. El primero es cuando aparecieron los primeros reactores aplicados a la aviación comercial, lo que permitió la normalización de los viajes transoceánicos y transformó la realidad del avión al convertirlo de un objeto romántico y exclusivo en algo común e individual. A la par, el mundo se hacía pequeño y accesible, en cierta medida porque el avión transformaba a los sujetos hacia un discurso del transporte, el reactor permitía que la gente fuera rápida, creando esa idea de vivir en una *cultura acelerada*, en el sentido que le da Bertman (1998), a la vez que todo es reducido a un espacio único, lo que impone que el tiempo es reducido a un *ahorismo* absoluto. Todo ello exige una doble eficiencia, la de una tecnología global, en cuanto recurso, que es inaccesible a los no-autorizados, y, consecuentemente, centrada en las necesidades de las compañías de transporte aéreo, y la de los plegamientos de los cuerpos a las necesidades de la eficacia comercial. En última instancia, se trata de una eficacia basada en una maximización de la ganancia frente al ahorro de la energía que el consumidor genera en su empeño sistemático de comportarse como un ser corporal. Para muchos viajeros, en general todos aquellos relacionados con el turismo, el avión, incluso el propio aeropuerto, es parte de la experiencia viajera como unidad, el costo es parte del coste total, y la respuesta 'emocional' suele condicionar en cierta manera el propio significado del viaje (Graham; Papatheodorou y Forsyth, 2010. Korstanje, 2006).

El avión, en este sentido, no es tanto un lugar concreto, ni incluso un tiempo determinado, sino más bien una parte de otros elementos donde la idea de consumo es el denominador común (Baudrillard, 2009. Bauman, 2007). El pasajero-consumidor se convierte así en un empequeñecedor del mundo, al acercarse a lugares a los que, de otra manera, no tendría acceso, a la vez que convierte todo espacio-tiempo en parte de una relación unitaria con las formas empresariales contemporáneas. En cierta medida, las compañías aéreas nacieron como un elemento de la identidad de las naciones-estado, hasta que demostrada su eficacia empresarial y controladora se convirtieron en elementos clave de los estados-comerciales. Y no sólo es que la tecnología del reactor permitiera hacer de una forma de transporte una de las claves de las relaciones entre los países, donde era obvio que las rutas aéreas se crearon siguiendo un patrón de relaciones coloniales generalmente pre-existentes, pero también de nuevo cuño, sino que los aviones hacían que el mundo se centrará en una reformulación que naturalizaba la relación inequívoca entre el Estado y el mundo transnacional industrial.

Este cambio hacia la aplicación de los motores de propulsión en los aviones creaba una doble vía: por un lado, la separación entre aviación comercial y militar, dando lugar a un duplicidad de los interés de los Estados, lo que significaba que se cargaría a la sociedad civil el gasto de la parte militar que se generaba en el proceso tecnológico; y, por otro, supeditando la parte de dominio aéreo al doble juego de los militares, como garantes del espacio (aéreo) propiamente nacional, y a las empresas, como gestoras de la realidad (del transporte aéreo) nacional. La Segunda Guerra Mundial fue un laboratorio donde había funcionado este intrincado y complejo mundo industrial y estatal de lo comercial-militar-nacional, y, a diferencia de otros sectores empresariales, el de la aviación había quedado en manos del bando de los vencedores y tenía, una vez se encontró la vía de cómo hacerlo tecnológicamente, la ventaja de que era fácil de separarlo en esa doble ruta: una civil y otra militar. Paradójicamente, las empresas que fabricaban los aviones eran para ambos casos eran las mismas. La aviación nunca fue, quitando los cinco primeros años de su historia, una actividad civil, sino una realidad militar, construida en función de y por la moderna guerra. Ese fue, obviamente, un campo básico del desarrollo empresarial, comercial y de consumo durante el siglo XX y sobre el que se construyó el imaginario específico de la productividad, la nación-industrial y el Estado de consumo.

La aplicación de los motores de propulsión recreó, además, una nueva realidad, permitía una significativa reducción del ruido en el interior de la cabina, lo que convertía al avión en un lugar más habitable, y además hacía que se pudiera presurizar, un elemento clave que daría lugar a los dispositivos de disciplinamiento y pérdida de la experiencia. La presurización de la cabina, la separación en diferentes clases, el pasillo, el orden la las comidas, del sueño, los uniformes de las azafatas, los carritos que van y vienen, los asientos imposibles, los baños reducidos supra-funcionales y el baile constante de cinturones de seguridad y pitido de oídos: todo ello impone una formalización de los cuerpos, así como de las posibilidades de la individualidad. El avión impone una *kinesia* preestablecida, donde la corporalidad se superpone a una serie de prácticas que son tanto de orden práctico cuanto más de orden simbólico. En definitiva, el avión de esta manera es un concentrador de tiempo donde unos cuerpos para el consumo comparten un espacio sin contacto humano.

El segundo momento clave de este encuentro entre una tecnología del volar y los sujetos viajeros, fue el 11S; es decir, el momento en que alguien utiliza el avión como arma en sí misma, un arma simbólica de cómo todo lo comercial es susceptible de ser utilizado como elemento ideológico (Goll y Rasheed, 2011. Lyon, 2003). A diferencia de los secuestros, incluso de aquellos aviones que habían sido explotados en vuelo, se imponía una novedad absoluta: el objeto avión podía ser, bajo el dominio de unos pasajeros considerados consumidores, un arma de destrucción. Esos aviones, durante el 11 de septiembre de 2001, dirigidos contra el *World Trade Center* eran el resultado de un uso, una aplicación de la tecnología empresarial, de las posibilidades de consumir ese objeto llamado avión comercial. Pero, ante todo, este hecho supuso realmente un cambio con respecto al mundo de la aviación porque imponía que los viajeros también debían ser transformados. La idea clave es que los sujetos eran despojados de sus derechos como ciudadanos en función de su conversión en consumidores de espacio aéreo, en el cual son fijados a un mundo de controles y disciplinas. Individualizados en una única posibilidad, la de ser consumidores, todo se ve constreñido a la disciplina que se asume como parte de aquello que se consume. El permanente control en los aeropuertos, donde los viajeros son reducidos a una corporalidad ideológica, despojándoles de sus atributos sociales (cacheos, sustracción de todo tipo de elementos que puedan ser susceptibles de peligrosidad, despojarse de parte de la ropa, de los accesorios vitales, del control de los dispositivos tecnológicos móviles...), y dando lugar a una reducción de los individuos a un punto cercano a lo inhumano (Adey, 2009), a todo aquello que nos recuerda que somos vida. Y es que bajo la coartada de la seguridad se reduce todo a un aparataje comercial: el viajero, consumidor privilegiado, paga por su reducción a una nada corporal en función de una no-experiencia, que permite construir la ficción de que se ha trasladado de manera rápida, eficaz y segura de un lugar a otro.

El 11S también trajo otras cosas. Por ejemplo, una nueva forma de relación entre los pasajeros y las compañías, donde se puso en entredicho no sólo la seguridad de los propios aviones, sino el claro matiz del mundo de la aviación enfocado al negocio a cualquier precio, la falta de armonía con los clientes, y la pérdida de elementos relacionados con 'dar un servicio de calidad'. Todo ello dio lugar a una serie de comportamientos concretos entre los que la ira era lo más sobresaliente (Hunter, 2009. Morgan y Nickson, 2001). La lucha contra el fenómeno de *Air Rage* se convirtió en muchos sentidos en el origen de las compañías de bajo coste, dedicadas a dar un servicio de transporte únicamente, sin otro valor añadido que el precio. También generó toda una política de la gestión de las individualidades en función de unos sentimientos que posiblemente ponen a los aviones en riesgo, pero, también, una mirada de las compañías como elementos puramente comerciales. Los pasajeros, a los que los aviones modernos han negado la posibilidad de experimentar la idea del vuelo, incluso lo que podría suponer de *glamour*, se ven, además, abocados a una gestión de la ira, dando lugar a una pérdida radical de su capacidad de sentir, de expresar una serie de inquietudes al respecto de las frecuentes pérdidas de equipaje, de la constante reducción de espacio, de la calidad del *catering* o de los abusos permanentes de los medios de seguridad o de la venta de billetes por encima de su demanda. El pasajero se convierte así, como si no fuera otro su destino, en un cuerpo disciplinado. En este sentido, las compañías parecen reducirlo todo a un tema de derechos/deberes, que tras un código jurídico convierte a los cuerpos de los viajeros en simples elementos relacionados con el consumo, con lo comercial, con lo empresarial.

A diferencia del metro, donde un tórculo, una taquilla o una máquina expendedora de billetes impide el paso, dejando claro que la preocupación por el viajero es fundamentalmente algo material, una operación de disciplina comercial, el avión significa el control desde la conversión de los cuerpos en elementos disciplinados en el consumo. Los aeropuertos y su dinámica ritualizada hacen que el viajero sea poco a poco despojado de su identidad, hasta convertirlo en un espacio en estado puro, un hecho social que ocupa un lugar, donde tiene asignado un espacio. El aeropuerto es el encargado de convertir al sujeto en un consumidor de sí mismo, él ha de abordar el avión siendo una mercancía, el cuerpo viajero es, en este sentido, lo que se comercializa. Todo se convierte en un lugar uniforme y desvinculado, un *no-lugar* diría Augé (1993), que permite el establecimiento de una cierta manera de estar por encima de un ser, un estar en el mundo por encima de cualquier cosa. Además, al pasar por tantos filtros que están claramente vinculados con espacios de anonimato, al vivir en un testeo tan preciso e individual como concreto en su desarrollo, nada se puede escapar de un espacio hecho para las corporalidades. Estas son doblegadas para convertirlas en un simple volumen-peso, en un objeto transportable según unas condiciones dadas. Desde el 11S, además, ese objeto es política-mente neutralizado con una constante repetición de controles que lo despojan de su humanidad primigenia (tener hambre, sed o usar los objetos propios) y lo devuelven a su estado de objetividad frente a un Estado que se siente tan amenazado como dispuesto a realizar una apropiación de los procesos propios de la sociedad civil.

Consecuentemente, el aeropuerto no es tanto el lugar de llegada/salida, cuanto más un espacio industrial que mecaniza por medio de unas tecno-logías sociales los comportamientos de los sujetos hasta convertirlos en una práctica concreta: cuer-pos viajeros, disciplinados, individuales y consu-midores. Como en otras realidades del capitalismo industrial contemporáneo, como la fábrica fordista o como el campo de concentración nazi, lo social es reducido a una expresión mínima, es el producto final lo que importa y la impostación de un discurso de efectividad, de seguridad, de productividad, es lo importante. Lo humano, como elemento mental, es suprimido por un espacio donde todo es efímero y transitorio. Pero no es sólo el espacio, es sobre todo lo social lo que se convierte en una mecánica de las corporalidades.

En el aeropuerto, primero, y en el avión, después, todo es reducido a una constante corporalidad que, acaso, es tratada como una mercancía. Es, conse-cuentemente, una reducción a la idea de que esta-mos ante *cuerpos-sonrisa* (Veijola y Valtonen, 2007: 13-31), con el que todo parece envolverse, simboli-zada en las azafatas o en la voz virilizada del piloto que por los altavoces nos informa del tiempo en el aeropuerto de llegada. Una amabilidad, limpieza y facilidad que nos muestra el mundo de la aviación no sólo como un elemento funcional sino, también, como un estilo de vida donde los cuerpos parecen humanos, felices y educados. Una suerte de mundo en el que ser feliz, lo que resuelve una de las grandes preocupaciones de la humanidad empresarial, el avión a través de sus cuerpos-sonrisa nos hace creer que existe espacio para la utopía capitalista.

A diferencia de muchos otros objetos de la modernidad, el avión es fundamentalmente una máquina que ha nacido moderna, puramente contemporánea. Más allá del ancestral sueño de volar, que el avión comercial no cumple al anular al sujeto de la posibilidad de una experiencia, es una máquina que ha incorporado, gracias a su capacidad de sinergia, todas las 'nuevas' tecnologías, materiales y políticas. Sus modelos de origen, con esa aparente idea de bicicletas que vuelan, o el barco como nave de transporte, el *yach club* como aeropuerto, la guerra como acelerador de la evolución y el fordismo como modelo, la competitividad nacional y el intercambio del amateurismo, incluso los modelos a escala como una promesa de una tecnología popular (Alcor, 2009), no dejan de ser referentes de origen que se han perdido en función de una maquinaria mucho más concreta y perfeccionada, la de ser el núcleo central de una disciplina industrial y comercial que monopoliza la movilidad de los sujetos. Pero, además, esta máquina tan moderna, tan clave de nuestro tiempo, tan representativa de todos nosotros, se presenta como un elemento clave del mundo compartido, global, por todas las culturas. El avión se muestra como una imagen, como algo que, mirado como tal, es un principio no-cultural y que reclama para así una nueva lógica, un nuevo significado. Por encima de cualquier cosa, el avión es central para entender cómo se proyecta un mundo futuro, un mundo donde todo sea imposible para los humanos, como el aire por donde ahora circulan, o como el espacio exterior, por donde quieren expandir su territorio cultural. Pero el avión es, hoy por hoy, parte de una 'cultura' global que desarrolla una cierta tecnología, que establece la centralidad de una lógica empresarial, disciplinar y consumista (Baird; Moore y Jagodzinski, 2000).

El pasillo de un avión no es algo del común de los pasajeros, es más bien el corredor por donde circula el consumo, los carritos del catering, el paso hacia el servicio o donde se deja patente la individualidad, incluso el lugar donde se escenifica ritualmente el control con respecto a las soluciones generadas por los posibles riesgos. El pasillo, visto así, es la centralidad de un discurso recreado para la distribución de todos aquellos elementos que hacen de este espacio-máquina un ejercicio del poder contemporáneo. El pasillo se convierte así en un dispositivo de las políticas que, de alguna manera, gestionan el cuerpo y los sentimientos de los sujetos. Incluso los que trabajan en el propio avión, con esa enorme carga de sintonías con un cuerpo feminizado por y para el consumo, que más allá de empujar un carro de comida o hacer la demostración (*demo*) de los sistemas de seguridad, se dedican a la gestión efectiva de los cuerpos viajeros en lo que Arlie Hochschild (2012) llama *emotional labour*.

En contraposición se encuentran esas pequeñas ventanillas por las que se ve el mundo exterior, un afuera que no es en ningún caso real, pero que nos muestra con todo su esplendor la verdad de los constructos políticos. Se crea así un juego muy particular donde el poder disciplinario y consumista que genera el pasillo se enfrenta contra una voluntad de poder formulada desde la ventanilla, donde cabe la posibilidad de advertir una idealización artificial y sobre-ordenada del mundo.

Landing

Claro que el avión mantiene otro buen número de enormes tensiones, donde los dispositivos, las imágenes y los juegos de poder son evidentes: la separación por grupos en función de clases sociales que establecen niveles de consumo (el grupo de clase turística versus los de primera), azafatas (y sobrecargos) y pilotos (y copilotos), gentes viajando en parejas y otros en solitarios, los que usan el avión por motivos laborales y los que lo hacen por ocio, incluso, entre aquellos que consumen en el carrito del *duty free* o los que se duermen. En todas estas dualidades parece presentarse la misma esencia de lo social, con sus separaciones por género, edad, clase y actitud. En este sentido, el avión es un pequeño mundo que sirve de reflejo de aquel otro más global. Pero el mundo es demasiado grande para que quepa en el pequeño espacio del fuselaje de un avión, por lo que afirmativamente lo que este espacio muestra no es un trozo del mundo, sino más bien el resultado de una operación tecnológica que crea toda una suerte de dispositivos donde el poder se ejerce con todo el descaro que es posible. En cierta medida, todas las tensiones que el avión parece mostrar no son sino trozos de una mirada ajena: en el interior todo es simplemente imposible, nada puede ocurrir, por pura funcionalidad, por la necesaria seguridad, pero también por disciplina y poder, incluso en la manera en que todos los individuos asumen algunos estereotipos, algunos de clase, muchos de género y no pocos de cómo se supone que hay que comportarse al interior de un avión (Bor, 2003).

De hecho, el contexto de la aviación suele pensarse como un lugar donde no cabe la sorpresa y todo se supone pensado de antemano, de ahí la enorme cantidad de protocolos y procesos que significan un saber/poder lleno de prácticas expertas. Y, como no podía ser de otra manera, ocurre por igual con la *organización* del comportamiento que, gracias a la ayuda que cierta sociología y no poca psicología social, se supone capacitada para prever todo tipo de situaciones (Buhalis, 2004. Dahlberg, 2001. Francis-Way, 2002. Thomas, 2006. Rhoden; Ralston y Ineson, 2008). Esta es una ficción más, ya que no se trata de una cuestión de comportamiento, acaso de las disciplinas.

Una mirada a los individuos en el interior de un avión revela, obviamente, una enorme colección de tópicos sobre las relaciones humanas en situación de encapsulamiento, tanto más porque las compañías dejan menos espacios y, desde hace muchos años, tienden a cerrar todas las posibles puertas a mostrarse de manera amigable (Nelms, 1998). La idea es que los comportamientos en el avión son esos tópicos que perfectamente podrían entenderse desde una cierta idea de *etiqueta*, una serie de expectativas en el comportamiento de los demás con respecto a unas normas convencionales que proponen una cierta forma del control del comportamiento. La etiqueta en el avión, lejos de conformar un cuerpo místico de normas de comportamiento para la convivencia contiene, sobre todo, una clara defensa de la individualidad. Compartir los espacios y objetos comunes es básicamente una creencia en que hay un lugar propio, por encima de un lugar de todos. La etiqueta es, en este sentido, lo que se espera de los cuerpos ajenos. El extrañamiento del otro que se resuelve en esas etiquetas, al igual que el comportamiento propio, es un efecto del consumo, lo que resuelve las posibles tensiones: todos los cuerpos son disciplinados para el consumo, permanente; consumo de espacio, de tiempo, de recursos y, sobre todo, de individualidad.

Dentro de un avión todo se corresponde con una lógica: no puede ocurrir nada, acaso nada que pueda ser relacionado con la vida experimentada. Partiendo de ahí, el comportamiento dentro de un avión solo puede ser uno: el de asumir la disciplina como un elemento definitorio de la identidad del sujeto viajero. El único comportamiento posible es la individualidad. Las tensiones que el avión parece contextualizar son, en cierta medida, anuladas porque cada uno de los sujetos establece un punto de individualidad único, una sujeción particular a la disciplina. Los sujetos se disponen en un espacio realmente pequeño donde, sin posibilidad de 'moverse', tienen que comer, dormir y entretenerse sin radicalidad, sin interferencias sociales y sin ejercer violencia; todo ello, las causas y los efectos, exigen una enorme dosis, de disciplina. Una imposición, en última instancia, que sin duda se resume en la firme creencia, casi de manera mística, en la individualidad.

De la misma manera, todo parece ocurrir en torno a esa mirada que los pilotos efectúan sobre lo que ocurre en todo el aparato, en una suerte de panóptico (Bennett, 2006b), donde se concentra una distancia que, en cierta medida, tampoco es realmente una experiencia de volar y sí más la aplicación de un determinado conocimiento experto, que asume, además, toda una *mitopoiética* en torno a un determinado estatus económico, respetabilidad y responsabilidad. Podría decirse que el piloto representa la cara masculina de las modernas profesiones funcionales del capitalismo global. No es sólo la imagen, que también, sino su capacidad de decisión sobre el destino ajeno que, además de cargarlo de responsabilidad, lo muestra como un poder absoluto. Conjuntamente, al ser la pieza sobre la que pendula el sistema del avión como máquina de vuelo, adquiere sobre sí todo el supuesto *glamour* que a lo largo de la historia le confiere la idea del volar. Los pilotos son unos profesionales de unas máquinas altamente tecnificadas, funcionales y autónomas que tienen más que ver con ciertos elementos de subjetividad que con la realidad del vuelo como tal. Ellos toman decisiones muy limitadas no sólo, aunque es lo principal, por la técnica, sino porque están inmersos en un mundo empresarial que tiene otros principios activos en su mente, léase la feroz competencia entre compañías, la constante evolución tecnológica de los aviones, o unas complejas relaciones con los clientes (O'Connell, 2011).

En este sentido, los pilotos tienen que ver con una serie de elementos que tienen una doble cara: se ven inmersos en una profesión muy compleja y precisa, asociada a un cierto entrenamiento para la gestión de elementos propios de la sociedad del riesgo, y son parte de un entramado de tecnologías propias de la industria aeroespacial. Y, por lo tanto, los pilotos son una extraña imagen, ciertamente invertida, de un posible *cyborg*, en la medida que toman decisiones cerebrales sobre una máquina que los contiene y les permite hacer cosas que no serían posibles sin ella. Pero, como en todo *cyborg*, este cerebro (humano) no puede tomar todas las decisiones, sólo aquellas que permiten determinar la operatividad de la máquina, en ningún caso las que implicaría una catástrofe o las que hacen funcionar la máquina como tal. Lo pilotos de los modernos aviones son más gestores de contenido, una suerte de sofisticados navegantes, que alguien que hace volar una máquina, que en cualquier caso siempre vuela sola. Pero, por otro lado, los pilotos ejercen el dominio simbólico de lo que ocurre en el interior y en el entorno de la máquina, sus decisiones no sólo implican a los otros, que son los pasajeros, sino que determinan el propio sentido de sus vidas. El piloto de un avión comercial termina por ser una suerte de imagen del poder absoluto, lo que significa un reflejo bastante fiel a nivel humano del entramado empresarial-estatal que convierte a todos los que están bajo su dominio en consumidores.

A la inversa de los pilotos, las azafatas son la cara de lo que en cierta medida el capitalismo avanzado piensa del papel que han de ocupar las mujeres. El mundo de la aviación ha puesto como cara visible, y en contacto con el público, a mujeres, que de alguna manera son las portada de unas compañías comerciales donde la fuerte división laboral por género es obvia (Barry, 2008. Baum, 2012. Moles y Friedman, 1973. Santino, 1986). Las azafatas forman un complejo mundo, cuando menos tanto como el de los pilotos, donde han conseguido un cierto empoderamiento y visibilidad (Williams, 1986). Lejos de realizar cualquier otra cosa, gran parte de las mecánicas internas de la vida del avión están en sus manos. Su labor como gestionadoras de los sentimientos de los sujetos-viajeros, donde además tienen en todo momento que mostrarse como la cara-sonriente de las empresas, hacen que gran parte de lo ocurre a bordo sea parte de su trabajo (Forseth, 2005: 47-60). Ellas establecen los límites espaciales y temporales de los vuelos, siendo las encargadas de que los sujetos se sometan a las disciplinas de la individualidad. Por otro lado, gran parte de del dispositivo del avión y de su imagen se concreta en ellas. Como en el mundo de los pilotos, las vestimentas evocativas del mundo militar norteamericano de los años 50 y el *glamour* del desarrollismo de los 60 establecen que son cuerpos disciplinados para una estética mercantilista (Lovegrove, 2000), donde prácticamente terminan por tener una vocación muy determinada por los estereotipos de género.

Etnográficamente, el avión es una unidad de análisis, digamos, abordable, tiene un tamaño reducido y, a su vez, los sujetos viven bajo esa ritualización que bajo el dispositivo disciplinar remarca su individualidad. Pero el avión es, también, una exageración, un elemento realmente muy desproporcionado, porque vuela, obvio, pero también porque vuela a temperaturas, velocidades, distancias y alturas fuera de toda dimensión humana. Se crea así una aparente suerte de contradicción, el interior del avión es un espacio donde se construye artificialmente las condiciones para la vida humana, mientras que hacia fuera el avión se recrea como un todo inhumano, donde lo más rápido, barato y fácil cierra un círculo dedicado a las tecnologías para y del mercado. En cierta medida, el avión se convierte en una idea de lo posible, una extraña utopía que nos aleja del volar para convertirse en una imagen de *speed-heroism* (Tomlinson, 2007), ese vivir rápido y morir joven.

Estos elementos están presentes en torno a todo lo que el avión supone para nuestra sociedad: una promesa de vivir lo último, la novedad absoluta, por encima de toda tradición o posible acercamiento del pasado. La ruptura con la memoria. La ruptura con la vida. Como ocurre con el laboratorio donde se experimenta y recrea la ciencia, en el avión no hay nada de natural. Se ha reducido todo a una idea de tecnología, de planteamiento de lo posible, que se convierte en una única cultura. La tecnología del movimiento y de la aceleración del avión termina por evocar una cultura del dominio (Adey, 2010. Aubert, 2003b. Korstanje, 2008. Rial, 2003). No es una cultura basada en una tradición, en una memoria, en la contraposición con la naturaleza, sino que se trata de una cultura basada en una tecnología que no permite recrear otra cultura. Al hacer de la velocidad y la movilidad todo su planteamiento niega toda posibilidad de crear una imagen diferente de su realidad. Esta *sobrerealidad* no sólo niega la naturaleza, es que no espera nada de ella, y el espacio y el tiempo se convierten sólo en unas simples coordenadas.

El avión sería, según esta lógica de la puesta en escena de una serie de dispositivos, la pura imagen de una biopolítica: es la suma incondicional de un proceso político de administración de la vida al completo, es verdad que, de una vida post-humana, pero en definitiva vida. Es la vida de una máquina que fundamentalmente hace algo más allá de lo humano, no sólo porque vuela, que también, sino porque vuela de manera independiente. En este sentido, es obvio que el avión remarca esa idea de ser un ejercicio contemporáneo absoluto, representa la idea de la movilidad total (Adey, 2013. Cwerner; Kesselring y Urry, 2009. Kellerman, 2006. Urry, 2007). Fuera de las imposiciones a los sujetos en su interior, el avión cumple, como ninguna otra máquina creada por el ser humano, con la idea de que la movilidad es total en el espacio y en el tiempo, haciendo que se interconecte de una manera sinérgica la idea de una tecnología mecánica, el avión, y otra de orden ideológico, la movilidad. Consecuentemente, más que decir que el avión haya conquistado el espacio lo que tendríamos que afirmar es que ha conquistado la idea de movilidad espacial para el mercado.

Autobús

«Down to the bus station
I looked upon the wall
My money was to light people
Couldn't go nowhere at all
See I'm a bluesman
But a good man, understand»
B. B. King, *Blues Man*.

Movilidad y zonas de privilegio/exclusión

La movilidad, entendida como un constante fluir-flotar-circular, ha sido el gran espacio de una nueva sociología-antropología-geografía, donde objetos, espacios y subjetividades se han visto enfrentados en torno a la idea de que el movimiento está lleno de valores y jerarquías, de símbolos y planteamientos (Urry, 2007. Sheller, 2013. Castro-Gómez, 2009: 59-101. Giucci y Errázuriz, 2018. Auge, 2007). En cierta medida todo esto lo podríamos entender como un *régimen de movilidad*, parafraseando lo dicho por Foucault (1987), que entiende que se trata de algo bajo un orden económico, político e ideológico determinado, que genera todo bajo un *dispositivo*: un conjunto heterogéneo de discursos, tecnologías y prácticas que desde el siglo XIX inscribieron el movimiento de la población en unos juegos de verdad, a partir de los cuales quedó investido con determinadas propiedades y cualidades. Para una sociedad como la nuestra, que ha hecho del movimiento una de sus formas de identidad, y que, además, establece en el tránsito permanente una de sus grandes apelaciones, tienen que existir zonas privilegiadas donde toda su ideología se visualiza de una manera total. Zonas que por su especial relevancia hagan, construyan y subjetivicen los conceptos sociales como si de una máquina de captura se tratara, donde el etnógrafo no puede hacer otra cosa que gozar de su trabajo: observar esas realidades como una metáfora textual de una cultura precisa, a la vez que desentraña unos determinados valores, conceptos e ideas significativos y representativos de aquello que tiene delante. Esos espacios se preñan de tropos culturales donde lo que representan esté en relación con lo que muestran, un espacio institucional que relacione lo conceptos y su posible significado.

Si en tiempos pretéritos, la catedral, más acá, la fábrica, y, casi ayer, la cárcel o el hospital fueron ese lugar, esa zona fuerte de lo social, hoy no podemos dejar de pensar en cómo nos representamos acaso en el supermercado o en los museos, pero ante todo en el aeropuerto. Sin duda, espacios fuertes de la sociedad postcapitalista y donde el concepto de lo *contemporáneo* tiene un sentido total y se muestra, digamos, sin tapujos (Urry, 2007). De esta manera, entendemos que el concepto de seguridad, movilidad, representación, modernidad, mercado o disciplina se encuentran alojados de manera representativa, normativa y práctica en esos espacios, un tanto negados, asépticos y sobre-vigilados, y que en el aeropuerto llega a su máxima exageración y radicalidad (Güller y Güller, 2002. Potthast, 2012). En efecto, es ahí donde lo que esta sociedad dice ser toma carta de presentación, forma concreta y material. El aeropuerto es, en este sentido, la institución clave del mundo contemporáneo postcapitalista.

Sin embargo, podríamos decir que hay una serie de espacios que mantienen una lógica paralela a lo planteado por el aeropuerto y que, sin embargo, son restos de un pasado, incluso de un espacio-presente, que representan múltiples conceptos ambivalentes. La estación de autobuses de Jaén, una pequeña ciudad de la Andalucía interior, dentro de los esquemas de una epistemología del Sur (García, 2019. Sousa y Meneses, 2014), es ese espacio que sirve de representación de un mundo que muestra su cara más decadente, clasista y furibunda. Pero que, a su vez, como en el caso del aeropuerto, se convierte en el lugar central del discurso de la modernidad. La estación de autobuses transciende su propia idea de ser un espacio funcional, aunque tenga el empeño de centrar ese discurso, para mostrar una serie de elementos que son centrales en la sociedad que lo circunda, usa e, incluso, habita: desde el concepto de movimiento al de tránsito, desde la idea de ordenamiento social a la de emigración. Todo lo social parece concentrarse en este lugar, como práctica y como representación. Consecuentemente, podemos decir que es un lugar clave para la mirada no sólo de la teoría social, sino ante todo de la propia sociedad que lo gestiona.

Tenemos entre manos, por lo tanto, dos cosas: por un lado, un espacio privilegiado de lo social, con lo que supone para ver y para poner a prueba nuestros conceptos. Y, por otro lado, un espacio donde ocurren muchas cosas y que, en última instancia, es una muestra muy coherente de cómo funciona y se articula el mundo contemporáneo postcapitalista en un lugar tan exótico como es la ciudad de Jaén. En este sentido, la propia arquitectura que lo conforma como un proyecto funcional y simbólico determinado, así como el espacio urbano circundante, son parte a su vez de un criterio histórico, genealógico y etnográfico, que tiene su propio contenido y donde se ha puesto a prueba en tanto en cuanto tiene un discurso funcional que lo explica: el de servir como lugar donde *funciona* el principio y fin de las líneas de autobús que conectan Jaén capital con el resto de las poblaciones y fuera de esta con una gran cantidad de otros lugares. Pero también hay una historia social que da cuenta de qué lugar ocupa Jaén en una red más extensa de espacios regionales, provinciales y nacionales, así como el decaimiento de lo público, visible sin reparos en la constante desatención por el transporte basado en el tren.

La estación de autobuses es, también, un lugar para observar las causas de las políticas municipales, regionales y nacionales. No menos para prestar atención a cómo se aborda el urbanismo e, incluso, cuáles son los intereses inmobiliarios de un espacio en constante remodelación y cambio (Giucci,1999). La estación de autobuses se mueve a múltiples planos, cristalizando desde una mirada muy pequeña, que da cuenta de esa micro-sociología del fascinante comportamiento humano, hasta los niveles simbólicos que se concentran en torno a la idea de mercado, movimiento y desarrollo, pasando por las posibilidades de hacer una historia, incluso de corte social, a través del espacio y su edificio y de cómo se han transformado, y terminando con una mirada de gran espectro sobre los grandes planes de carácter político que no parecen posibles en un mundo en red, interconectado y balanceado en ideas que tienen que ver con el centro-periferia, la dependencia y la gestión de lo público (Daniels y Warnes, 1983. Fernández Durán, 1980).

Así, la estación de autobuses concentra ese discurso del Estado del Bienestar, junto con la escuela y el hospital, de un derecho concreto a elementos que han de garantizarse desde las políticas públicas: la educación, la sanidad y el transporte. Si el aeropuerto es el espacio privilegiado y central de la sociedad postcapitalista, la estación de autobuses lo es de la sociedad que concentra su discurso en el Estado del Bienestar. A su vez hay que recordar que la decadencia de lo público es patente, tal cual, en sus productos y sus valores, la amenaza de la privatización y mercantilización de este espacio no es sino el de la propia historia de los objetos públicos-privativos; una vez más, evidenciamos el derribo de la idea de *bien común*, espacio conceptual donde se enclava todo esto que aquí estudiamos.

Pero esta decadencia no es sólo producto de unas ideas en retirada, sino que es visible también en el mantenimiento de la parte arquitectónica y, sobre todo, en mucho de lo que en su interior ocurre, con un funcionamiento basado en un mercado basado en ideas keynesianas, digamos, de primer orden, con un sistema laboral y de comercialización que es una auténtica reliquia de los tiempos en que el capitalismo de corte estatista era un gestionador de bienes, servicios, recursos humanos y materiales (Herce y Miró, 2002); obviamente, un Estado que no dudó en ofrecer ayudas y coartadas narrativas a las sociedad mercantiles que le eran afines a sus intereses. También un espacio, este de la estación, donde ocurren muchas cosas, unas en tránsito y otras fijadas a ideas e interpretaciones de la modernidad. Un espacio para los sentimientos y para la política. Un espacio que no puede ser otra cosa que una atalaya desde la cual observar de manera privilegiada lo social, lo político y lo económico en un mundo extraño, exótico y en constante transformación. Todo parece remitir a una cierta idea de orden del territorio, de materialidad desde la que se asienta las redes, la identidad y las miradas a la sociedad como espacio para la vida (Zárate, 1997). Por otro lado, el debate sobre el modelo de ciudad que se plantea un nivel técnico, cuanto más político, tiene en el transporte uno de sus ejes de discusión (Crespo y Moya, 2012. Seguí y Martínez, 2004), ya que se trata tanto de moverse como de la manera de hacerlo.

La movilidad es ese gran concepto contemporáneo sobre el que ha funcionado tanto la idea de que hay que controlar a la sociedad, a la vez que se le permite una cierta expansión (Urry, 1999). Convertida, así, en un sentimiento gestionado, la movilidad contemporánea es fuera de toda duda la ausencia de una experiencia de recorrer y sólo un deseo de llegar. En consecuencia, la movilidad no tiene sentido como experiencia de viaje y se reduce a un ejercicio de transporte. De ahí su importancia en cuanto a los objetos que usa y dispone, el autobús tanto el urbano como el interurbano, lejos de ser un anacronismo, es una idea fuerte de las posibilidades de desplazarse. Por la tanto, la estación de autobuses, a lo que hay que sumar la motorización de todo el espacio urbano, es un lugar determinante de toda esta ideología del movimiento contemporáneo (Jacobs, 2011: 377-410).

Por otro lado, el Estado del Bienestar, en cuanto que ideología política, puso el acento sobre tres dinámicas de la gestión pública: lo socio-sanitario, que incluía una mirada no sólo a la salud, sino también a regularizar la vida social en un sentido amplio, acabando con la pobreza, las marginalidades y las situaciones de vulnerabilidad; la universalización de la educación, tanto en los contenidos como en la obligatoriedad de una edad a otra, de la justicia y la seguridad, y, por último, el libre acceso al espacio social, lo que significaba crear medidas jurídicas, institucionales y de infraestructuras que permitieran la movilidad. Los transportes se convertían así en un derecho de la ciudadanía. En este sentido, las estaciones de autobuses cambiaban radicalmente su sentido, se establecía una ruptura histórica con respecto a la anterior forma de gestionar a las personas 'viajeras'. La estación de autobuses tiene una historia relativamente reciente, como no podía ser de otra manera, en función de la propuesta que conlleva.

Claro, que también está la idea de transporte, de la necesidad de tener instrumentos eficaces, democráticos y asequibles para moverse. Todo un debate que sin duda hay que tener en cuenta, porque el pasado está estructurado en la hegemonía del monopolio capitalista. En los últimos veinte años, todo un núcleo de geógrafos, urbanistas y expertos varios ha irrumpido dejando claro que, primero, el transporte es parte del Estado del Bienestar y, segundo, que la movilidad es un bien que conforma las ciudades. El concepto del derecho a la movilidad tiene uno de sus orígenes en la sociología urbana de Lefebvre (1976: 127-144), quien señaló la importancia de la movilidad como tema social y político, en la medida que remarca las condiciones del acceso, o no, a una economía más distributiva, remarcando la democratización de los espacios a los que se la vincula, y estableciendo redes de necesidades y servicios con respecto a los espacios de la vida social laborales, de ocio y de vivienda.

La red de transporte, en tanto que representación de las ideas conceptuales de la movilidad en el espacio presente, se puede ver como un recurso que establece una serie de diferenciaciones con respecto a la equidad, la justicia y el acceso a la riqueza. Una suerte de entramado de saberes y demostraciones que tiene que ver con una cierta geografía de los derechos democráticos (Gutiérrez, 2010. Herce, 2009, 2010). En este sentido, la movilidad es, por una parte, precondición de los otros derechos, y, por otra, una especie de derecho genérico con una importancia social, política y económica creciente. No se puede olvidar que es en cierta medida uno de los factores de la vida cotidiana en un mundo altamente globalizado, líquido y movedizo. A la par, el debate del transporte ha entrado de lleno en los condicionantes económicos más globales, como el uso de combustibles, el impacto medioambiental o los sistemas de seguridad de las personas (Natal, 2003). Todo un mundo de retos para la sociedad actual y que tiene una importancia grande en la manera en cómo se piensan las gentes en relación a sus recursos y a su contenido social y cultural.

Un espacio privilegiado para mirar

Aquí tomo la estación de autobuses de la ciudad de Jaén como uno de esos espacios privilegiados para la mirada de la sociedad postcapitalista contemporánea. Consecuentemente, es tratado como absoluto etnológico: un lugar que no sólo es una representación de lo social, sino también el lugar que la sociedad en que se enmarca utiliza como gran pantalla de sus ideas y de sus prácticas, concentrando, al final, lo social en sí mismo. Una zona cultural que también produce y reproduce multitud de geografías sentimentales, un constante derroche de despedidas y bienvenidas, de inicios y de rupturas, de relaciones que comienzan y acaban.

Yo mismo soy un ejemplo de ello. Esta estación fue el primer sitio que pisé en Jaén, hace ya dos décadas, cuando llegué para encargarme de una plaza de profesor de antropología social en su universidad. Pero, como usuario del transporte público, también es el último lugar que piso cuando salgo de Jaén. Y nadie puede negar que en esta decadente y simbólica estación se den miradas cruzadas de múltiples elementos que lo hacen, a los ojos del etnógrafo, un espacio privilegiado.

De alguna manera no quería caer en la seductora, pero realmente falsa, idea de que estamos ante un *no-lugar*, ese entramado conceptual de Auge (1993), y que aplicado a la supuesta realidad se amalgama hasta dar lugar a una gran verdad. De hecho, podríamos pensar en el protagonista de la película de Steven Spielberg *La Terminal* (2004), Viktor Navorski, o en Diego y Elena, protagonistas de la claustrofóbica *Upon Entry* (2022), de Alejandro Rojas y Juan Sebastián Vásquez, como sujetos que recorren esos aeropuertos de los que no puede salir, como un no-lugar, pero más allá de eso, en realidad, sólo están en una zona de exclusión, donde la frontera es experimentada como una impotencia vital y que tiene reglas particulares que no siempre se adaptan a la verdad de los sujetos que las utilizan (Berardi, 2007). Sin embargo, esta estación de autobuses no es sólo un lugar de paso, acaso un espacio donde no puede ocurrir nada porque no hay sitio para el pensamiento, sino que debe ser visto como un referente para y de la ciudad, en la medida que mecaniza una de las maneras claves de entrar y salir, además, se trata de un lugar referencial de la historia, las prácticas y las formas de entender las actividades de los sujetos de esta parte del mundo.

A sus virtudes como espacio social se une que tiene, de alguna manera, una cierta comodidad y amabilidad para el estudio. En mi caso, no sólo cumplo con la idea de hacer participación —usó la estación de autobuses asiduamente—, sino que permite una más que cómoda observación, dado que los espacios interiores están bien definidos, los comportamientos están muy normativizados, las funciones muy regularizadas y los actores son claramente visibles. Esta facilidad y transparencia no sería más que una pura amabilidad si no fuera porque la propia estación es una constante histórica, que desde su construcción en los años 40 del siglo XX ha sido constantemente utilizada. Se une así a las posibilidades de ver lo minúsculo de la obra teatral que allí se representa a diario con un marco que, prácticamente, no ha cambiado a lo largo de la historia reciente de Jaén. Esta doble dimensión la convierte, en efecto, en un espacio muy concreto para ver la realidad, los valores, los comportamientos y, por supuesto, para ver la aparición y los cambios contextuales de los conceptos con los que se vive y construye la modernidad.

Pero estudiar y observar a la masa o a los sujetos, quizás, ya nada tenga sentido en la medida que una cosa en sí no es comprensible, que se tendría que estar muy alto para ver el conjunto; todos los datos pasan por debajo del radar. Construir como un objeto de estudio un espacio tan singular como es la Estación de Autobuses de Jaén y desde ahí inferir un mundo de procesos teóricos, conceptuales e ideacionales, como desde aquí se pretende, no puede ser explicado simplemente desde la ingenuidad de que es un objeto que estaba ahí. Muy por el contrario, es un objeto que está al interior del pensamiento, está asumido que existe pero que no es singular a la investigación relevante (Stinson, 1998: 10-20, 2011: 157-193). Es, digamos, una realidad que la antropología no diría que no se puede investigar, pero que no está en su agenda. Es un objeto demasiado obvio como para que se haga significativo de algo. Y seguramente es esta doble dimensión —su invisibilidad como objeto de estudio y su máximo grado de existencia en lo social— lo que lo hace tan complejo, lejano y enigmático a los ojos de una moderna antropología de lo urbano. Aun cuando podemos reconocer que es un objeto claramente significativo de nuestra traza urbana no ha sido tomado como clave prácticamente nunca. Esto nos lleva inevitablemente a que su construcción como objeto de estudio —lo que permite crear una etnografía de— no deja de ser una conformación de diferentes miradas de estar en el terreno y de observar de una manera que tanto en el caso del principio estructural como en el del resultado tenga una condición que nos aleje de las grandes ingenuidades que se les permiten a objetos de estudios más 'clásicos' (movimientos sociales, grupos étnicos y/o subalternos varios…).

Qué podemos estudiar en una estación de autobuses: ¿a los viajeros, a los autobuses, a las empresas? ¿Desde las normas, desde las ocupaciones espaciales, desde el consumo como ritual, desde la relación social como interacción, desde los comportamientos? ¿Atendemos a lo extraordinario, a lo violento, o buscamos en su constante repetición una suerte de elementos que nos muestran la vida social contemporánea como una quinesia, un movimiento corporal, su soledad y miedo? Con una voluntad de explicar en y para la antropología urbana, nos acercamos a las ideas conceptuales de la movilidad como explicación o como diagnóstico de una sociedad que se hace y deshace en la propia estación de autobuses. Cómo construimos lo holístico, lo comparativo, cómo relativizamos…? Incluso, ¿dónde están las fronteras de la estación, en el autobús?, ¿en la siguiente estación? Y, cómo nos hacemos con la 'información' relevante: ¿por medio de entrevistas, de algún tipo de observación o simplemente nos dejamos llevar en algún punto intermedio de la observación participante? Partimos de que la relevancia de la investigación está en sus preguntas… ¿pero no son las preguntas también una construcción en el proceso de investigación?, ¿no son la mayoría de las preguntas una suerte de setas que aparecen en el otoño de toda investigación?, ¿ una justificación de que se tenía un método riguroso de investigación?

Mucho de lo que aquí puede ser un futuro es, en cierta medida, no sólo el resultado de un proceso ya realizado en el pasado, sino un universal de cuestiones y dudas que están en prácticamente todas las monografías etnográficas, donde la relevancia de lo propuesto es un conjunto de reflexiones sobre lo hecho con anterioridad en un devenir de casualidades, formas de actuación creativa y creencias en el que el todo es eso o aquello y se hace por esto y aquello otro. Si partimos de la idea de que en una estación de autobuses no pasa prácticamente nada y de que, además, todo lo que pasa es rutinario y repetitivo, la idea de una investigación no puede ser más sencilla a la par que obvia. Se puede pensar, quizás, desde una idea preconcebida e ingenua, que pasa algo por detrás, que quizás lo significativo es que hay otra cosa, y se puede esperar a que ocurra así; pero, en realidad, se puede afirmar que no es así: en este tipo de espacios contemporáneos la transparencia es una de sus principales características y lo que se puede ver es exactamente lo que hay. Porque lo normativo, lo disciplinar, el control y la gestión de los riesgos está ahí, visible y admitido. En este tipo de espacios, lo contemporáneo del capitalismo neoliberal funciona como una máquina bien engrasada y un investigador no tiene que hacer otra cosa, a priori, que observar la constante regularidad disciplinar.

La construcción de un objeto

Aquí, el objeto de estudio es la Estación de Autobuses de Jaén, que lejos de ser un espacio para la ciencia, con sus consiguientes tomas de posición en torno a la neutralidad de la mirada, se torna en lo político: un espacio que sirve para confrontar diferentes elementos que son parte de debates múltiples sobre elementos socialmente complejos y que recrean un principio de relaciones de poder. Sin embargo, primeramente, hay que dejar claro que cuando aquí planteo que estamos ante un texto que se centra en una estación de autobuses, obviamente, el trabajo está fundamentalmente cerrado; aunque creamos en la idea de la generación de teoría antropológica, aunque nos centremos sólo en la práctica etnográfica, aunque sólo queramos salvar el trago de hacer un ejercicio, sea lo que sea… todo está ya cerrado. Porque la estación se convierte, al estudiarla, en un concepto en sí misma. La regularidad, el movimiento, el consumo, la planificación ya no son elementos que la expliquen, sino al contrario, es la estación la que los dota de discursividad, contenido y verdad. Y, de esta manera, la estación puede explicar, en cuanto *concepto analítico*, la transformación de la modernidad, pongamos por caso, de la ciudad que la contiene y habita, y, como tal, nos permite aplicar sobre su espacio analítico más *conceptos sintéticos*, a la manera de los *juicios* de Kant, que nos iluminan sobre aquello que abordamos para ser descrito.

A este respecto, habría que entender, primero, cómo se llega a la estación; segundo, cómo la convertimos en un objeto de estudio; tercero, cómo lo hacemos relevante a los problemas que nos planteamos; y, cuarto, cómo hacemos para describir sus relaciones de fuerza. El viejo dilema estructura y análisis queda más que roto al evidenciar el correlato de elementos que queremos definir y que, al nombrar, significamos y, en cierta medida, cerramos categorialmente. Aquí el problema es que cuando nos planteamos estudiar la estación no partimos de la estación en sí misma, no se trata de contestar «qué es una estación de autobuses», sino de abordar la pregunta «qué es eso y qué hace ahí esa gente y esos objetos». Al contestar es «una estación de autobuses» hacemos significativa la toma de decisiones que nos han llevado a verla desde un punto de vista y no desde otro. La estación se torna, así, en una categoría cerrada, nos permitirá entender lo que allí ocurra y contestar qué hace la gente y qué cosas la ocupan, en la medida en que ya no tenemos más posibilidad que ponerla en relación al concepto cultural que hemos definido. Al proponer la idea de que se trata de una estación, el objeto se torna transparente, cristalino, pero, como una caja, nada es más que lo que la idea de estación propone: un espacio de gestión comercial de la movilidad por medio de autobuses, dentro de un esquema empresarial, y sujeto a las reglas y normas del tránsito de viajeros. Pero esto no es más que lo obvio: la estructura cerrada de un mundo social que seguramente es más complejo. De hecho, en cuanto que sabemos de otras estructuras sociales, estamos también ante una institución social que tiene diferentes dispositivos, diversas funciones y no pocas interpretaciones, el resultado de un debate en torno a cómo se relacionan los elementos entre sí.

Dice Radcliffe-Brown (1986: 205): «Los seres humanos individuales, que son en este caso las unidades esenciales, están conectados por una serie definida de relaciones sociales dentro de un todo integrado», por lo tanto (obviaré por el momento la discusión que se genera tras esta afirmación, donde lo orgánico existe como si fuera lo único real), como *estructuralmente* los sujetos se construyen en la relación que hay entre ellos, no importa, por lo menos a este nivel, en qué participan o quiénes son. La mirada constructiva de lo social, la generación de los objetos empíricos, se hace al dar con las lógicas de la relación; por lo tanto, para el estructuralismo funcionalista, lo significativo es cómo se relacionan los elementos entre sí, conformando una estructura, en este caso, social, que la cierra y la explica. Para Lévi-Strauss, la cosa no es tan así. Digamos que parte de ahí, de la relación, pero el objeto de estudio se construye de otra manera: cree que la antropología debe buscar las estructuras que hay tras los hechos socioculturales, los fundamentos inconscientes de la vida social, que no son realidades empíricas, sino inteligibles, modelos, que son sistémicos, inconscientes y universales. Leemos en Lévi-Strauss (1995: 301):

«Para merecer el nombre de estructura los modelos deben satisfacer exclusivamente cuatro condiciones. En primer lugar, una estructura presenta un carácter de sistema. Consiste en elementos tales que una modificación cualquiera en uno de ellos entraña una modificación en todos los demás. En segundo lugar, todo modelo pertenece a un grupo de transformaciones, cada una de las cuales corresponde a un modelo de la misma familia, de manera que el conjunto de estas transformaciones constituye un grupo de modelos. En tercer lugar, las propiedades antes indicadas permiten predecir de qué manera reacciona el modelo, en caso de que uno de sus elementos se modifique. Finalmente, el modelo debe ser construido de tal manera que su funcionamiento pueda dar cuenta de todos los hechos observados».

Entendemos, primero en Radcliffe-Brown y luego con las aclaraciones de Lévi-Strauss —de las cuales, al día de hoy, en lo personal no desconfío (lo contrario que el hechicero Reynso, 1990)—, que podemos ver la Estación de Autobuses de Jaén como una estructura que responde a un modelo básicamente binario: hay un dentro y un afuera, hay movilidad y hay espera, hay gestión y hay administración..., y todo funciona según lo que entendemos como un sistema, donde las partes son al todo como el todo es a las partes. La construcción del objeto, la propia idea de 'Estación de Autobuses' se fundamentaría, por lo tanto, en la forma en que nos topamos con ello de manera inevitable cuando vemos lo social; más temprano que tarde nos tropezaremos con su fundamentación como uno de los elementos estructurales de la movilidad y la gestión contemporánea. Obviamente, no es tan así. La estación no está simplemente ahí para que la estudiemos, la pensemos, aunque estructuralmente sea así; de hecho, también está ahí para que otros tomen un autobús que los lleve lejos, incluso de Lévi-Strauss.

El constructo 'Estación de Autobuses' quizás se parezca más a un texto con el que nos significamos cuando de manera autobiográfica creamos un proceso performativo, donde práctica y explicación se encuentran. Es la mirada de Cliford Geertz (1992: 398-399) que se topa de bruces con la cultura balinesa y descubre la eficacia simbólica:

> «La función de la riña de gallos, si es lícito llamarla así, es interpretativa: es una lectura de la experiencia de los balineses, un cuento que ellos se cuentan sobre sí mismos. [...] Para los balineses asistir a las riñas de gallos y participar en ellas es una especie de educación sentimental. Lo que el balinés aprende allí es cómo se manifiestan el *ethos* de su cultura y su sensibilidad personal, cuando se vuelcan exteriormente en un texto colectivo».

Como en la riña de gallos, al toparnos con la estación de autobuses encontramos el texto en el que de manera interpretativa los giennenses se van, poco a poco, retratando, dejando claro cómo es su mundo y sus formas de habitar simbólicamente el mundo, estableciendo cuál es el espacio de la lucha, del debate, de las posibilidades. La estación de autobuses se convierte, así, en un texto sobre el que podemos observar las posibilidades que ciertas gentes y algunas se dan como parte de una interpretación. Convertidos los objetos sociales, las instituciones o los modelos en espacios donde se confrontan los símbolos, la 'verdad' social nos permite penetrar en las preguntas que se revierten. Ya no estamos ante la idea de contestar *qué es una estación de autobuses*, sino más bien de hacerlo al revés: *qué podemos interpretar de las gentes y sus cosas cuando decimos «esto es una estación de autobuses».*

Este campo de batalla por el significado de los símbolos, convierte todo espacio social en un teatro, en la metáfora de Goffman (2006), y permite un correlato de las fuerzas, en cuanto que son formas de poder. Los símbolos, así, son condensaciones de muchas cosas (las taquillas, los bancos para esperar, las dársenas o los autobuses) y acciones (esperar, hacer cola, subir o conducir un autobús, o comprar y vender un billete) en una sola cadena, que aúna significados dispares mediante analogías y que poseen dos polos de sentido: uno ideológico (con su orden social, moral, normas y valores) y otro sensorial (donde tienen lugar el proceso conminativo, la interacción, las subjetividades, los fenómenos naturales y fisiológicos, los deseos o los sentimientos). Este enorme entramado de elementos, que terminan por condensar el espacio de batalla por lo simbólico en su sobre sentido de imposición y de adscripción (Turner, 1980), nos conforman para entender que la estación de autobuses es tanto un campo de fuerzas, como un espacio de disciplinas, discusiones y reapropiaciones históricas, económicas, culturales y corporales. En última instancia, podemos afirmar que la estación es un campo de batalla clásico del saber/poder, donde se dirimen las discusiones que legitiman su existencia y recrean sus posibilidades de futuro.

Los nuevos espacios de la mirada

Muchos antropólogos se preguntan cómo podemos estudiar en el mundo contemporáneo por medio de las series de Netflix o HBO como fuente de conocimiento, otros muchos se cuestionan cómo retornar las miradas a los grupos que estudiamos, cómo devolver a los indígenas de América el enorme caudal de conocimiento que nos han prestado para nuestros libros, artículos y tesis doctorales, y, muchos otros antropólogos se preguntan sobre el nuevo sentido de las cosas, de los animales e, incluso, de las nuevas alianzas entre gentes que no comparte ni cultura ni mirada. Autores como James Clifford (2013) nos alertan desde hace muchos años de que los modelos etnográficos están plagados de novedades, que son sistemas de 'adquirir' datos a través de mirar, de establecer lógicas, de preguntar, de participar, y que tienden a ser coetáneos de los trabajos que hacemos. Y no pocas miradas proponen que hagamos observaciones donde tengamos en cuenta la casualidad, el encuentro eventual y efímero (Fay, 2007). Pero también hay antropólogos —me cuenta Juanjo Pujadas (que ya había publicado un texto fundamental para lo que aquí trato, Pujadas, 2018)— que piensan que tenemos que hacer una antropología adaptativa: si los informantes se mueven movámonos con ellos, hagamos una antropología en el viaje con los otros. Por lo tanto, la lógica interna de una investigación en un espacio como el de la estación de autobuses no sólo está en relación con lo que la gente hace, siendo una clave de lo que allí podemos ver, *un hacer* que diría Goffman, sino que está también en relación con todo aquello que sólo puede ocurrir allí y, cómo no, con cientos de elementos asumidos como normales dentro de un código de normatividades que se han dado por ciertas, naturales, inquebrantables y únicas.

No solo se trata de la noción de *habitus* de Bordieu (1988), que es obvio que aquí se da, es sobre todo la idea de que para investigar en un espacio tan contemporáneo no podemos hacer otra cosa que encontrar los conceptos que expliquen ese hacer de las gentes, y que al elegir un concepto sobre otro nos permiten encontrar las preguntas. Dicho de otra manera: los interrogantes se construyen cuando al observar lo que hace la gente y ordenarlo en una cadena lógica de investigación positiva se aplican conceptos que determinan los problemas que me encuentro y que no se resuelven, sino que se trata de encontrar las preguntas pertinentes con las que establecer el diálogo que da lugar, más tarde, a tener explicaciones. Una vez más se da el viejo axioma de que la verdad ya no es importante, por mucho que así lo parezca, sino cómo se construye.

Es evidente que la estación no estaba ahí para que la estudiemos, no había ninguna tradición al respecto, no es un objeto propio de la antropología (aunque sí lo es la movilidad, Salazar, 2010), nuestras metodologías no son directamente operativas, pero sí para ver este espacio acaso desde la geografía, la historia, la arquitectura, la historia del arte, la sociología, el derecho (Vasilachis, 2009). Pero entonces... ¿qué puede aportar la antropología? Evidentemente, la mirada, el método para poder ver y, después, los conceptos que lo iluminan todo, que dan el sentido de la lógica a un espacio aparentemente normal, pero singular en su desarrollo, en su dinámica, en su funcionalidad. Esto es lo que aquí hemos observado: aplicamos el concepto de movilidad y nos encontramos unas cuestiones a resolver como son las energías empleadas, las formas de partir y llegar; aplicamos la idea de *habitus* y nos encontramos en cómo se aborda la normalidad, la idea de que hay diferencias entre ir de una manera o de otra; si tomamos las ideas de estar en un proceso ritual, o de estar en un ecosistema político, o en sistema de relaciones, o en una unidad de orden económico... Cada una de estas aplicaciones conceptuales nos llevarán por uno u otro derrotero y plantean una serie de cuestiones que permitirán resolver una cosa y dejar otras de lado. Los conceptos son, así, el verdadero espacio de la batalla por el conocimiento al ser los determinantes de las preguntas que dan sentido a las investigaciones.

Pero, no hablamos de entender la estación de autobuses como un laboratorio social, ni mucho menos. No se trata de poner a prueba nuestra hipótesis, en el caso de partir de ahí, sino más bien de lo contrario: tomar la estación en un doble sentido, por un lado como una expresión y respuesta de la sociedad local a problemas globales y, sobre todo, de ver la estación como un espacio puramente social, donde lo que ocurre tiene que ver con las ideas, las actitudes y los comportamientos de los sujetos que la usan y donde se aplican los conceptos que definen el mundo contemporáneo local. En este sentido, no trataré tanto de hacer una historia, sino de ver el presente, primero, como el resultado de un proceso histórico, dinámico y complejo y, segundo, de articular la lógica de esos cuerpos sujetos, fijados, a las subjetividades, a las dinámicas de la movilidad, a las políticas públicas y privadas del mercado y a las formas de vivir en sistemas sociales segmentados por factores de edad, género, etnia o clase social; en última instancia, se trata de describir, una vez más (Anta, 2013b), las ausencias de experiencia personal y colectiva en las actividades cotidianas.

El método etnográfico, sumándose a esa lógica de la que hablan Velasco y Díaz de Rada (2009), no puede ser sólo un proceso de descripción, sino ante todo un espacio de transformación y crítica. El trabajo de campo no es sólo un mirar 'legitimado' sino el compromiso con la búsqueda de las formas lógicas que gobiernan los mundos locales. La etnografía, como la que yo propongo aquí, no es una actividad ritual dentro de un laboratorio étnico, sino el punto desde el que arranca las formas de pensar críticamente el presente en el que vivimos (Ingold, 2017. Taplin; Scheld; Low, 2002). No se trata de ver personas que hacen, sino de ver sujetos que practican y, consecuentemente, de hacer conjeturas conceptuales que sean válidas en la medida en que denotan el cuál, el dónde, el quién y el cómo de este presente. Hay que describir, traducir, explicar e interpretar, pero también tenemos que crear una voluntad de teorizar y criticar —solamente— el marco instituido que tomamos como 'objeto' privilegiado de nuestra mirada y no olvidar que lo habitan sujetos que, como nosotros, tienen sobre todo la capacidad de sufrir.

Cuando se vive el mundo contemporáneo es obvio que la mirada sólo puede darse en la medida que lo hacemos sobre objetos e ideas que se mueven o de sujetos que se desplazan. No es sólo la movilidad como concepto, lo que sin duda es clave, sino también en función de qué se hace y la manera en cómo la producimos. Vemos el mundo moverse desde lugares en movimiento. El tren, el autobús, el automóvil no sólo son claves para la mirada, sino que permiten crear el lugar preciso desde el que mirar. Y esta mirada desde el autobús, ya no es una experiencia, ya no podemos decir que describe algo con una cierta capacidad de transformar la realidad, porque, en última instancia, al dejar claro que nos transportarnos como medio de vida todo lo que hacemos desde la observación no tiene ningún valor. Muy por el contrario, la mirada desde el autobús es sobre todo una síntesis de lo que es el mundo y, consiguientemente, es una mirada que trabaja como la de los historicistas del siglo XIX, buscando la manera en cómo está diseñado el mundo fuera del sujeto. Desde un autobús todo lo de fuera es sólo un dispositivo de diseño: un paisaje sintetizado de la subjetividad contemporánea. Curiosamente, Luis D'Aubaterre (2012) en su estudio hermenéutico de la forma de ser de los venezolanos lo hace en y desde una línea de autobuses de media distancia (*pullman*) y observa, no sin un cierto grado de ironía, que hay dos ritmos diferentes en la estación de autobuses de Caracas: por un lado, un cierto grado desorden en torno a lo que ocurre en el espacio localizado, donde los vendedores, la música, incluso el ruido, y los pequeños pícaros dan color y alegría al espacio y donde las relaciones sociales tienden a ser complejas y llenas de significados locales; y, por otro, el orden casi matemático y claramente de lógica 'europeo' del interior de los autobuses, donde los sujetos tienden a mantenerse en una zona gris de bajo impacto e interacción social. Un contraste, dentro-fuera, que es en definitiva una metáfora que preconiza la vida en el movimiento de los sujetos en la sociedad postcapitalista.

Aun así, explicar la estación no es tan fácil como a priori pudiera parecer, sin duda que a este respecto se establece una enorme tensión entre la idea de estar ante ese *régimen de movilidad* descrito, donde los sujetos *subjetivizan* una serie de elementos que se relacionan con las dinámicas y flujos sociales, y la idea de que estamos en un espacio de rituales en torno al consumo. Mientras que en el primer nivel la idea general es establecer cuál es la física de los sujetos, como seres sociales que se mueven en un espacio social determinado, en función de sus necesidades, pero también de sus posibilidades, en el otro nivel todo está mediado por la relación en torno al consumo, estableciendo una serie de papeles —consumidor frente a comerciante—, de prácticas —consumo frente a servicios—, y de conceptos —demanda frente a oferta—. Como nos recuerda David Miller (2012), se trata de entender el consumo como un acto ritual altamente complejo que aúna gran parte de las ideas de cómo nos relacionamos, cómo nos construimos y qué nos interesa como sociedad. Obviamente, en la estación se consume movilidad, aunque esta es un enorme entramado de elementos que también incluyen eficacias, precios, competitividad, seguridad, sanidad, control y hasta criterios estéticos. Y si gran parte de la dinámica de la estación se centra en este entramado de normas, direcciones, tiempos y espacios, no es menos cierto que también incluye gente, órdenes, miradas y cuestionamientos; en definitiva, dispositivos en torno al consumo, el elemento que al final cierra muchas de las realidades con las que vivimos. Esta idea de consumo como lugar central de las relaciones en la estación se puede ver espacialmente en las nuevas formas de hacer cola para comprar el billete o subir al autobús. Las nuevas tecnologías, como expansión de los actos rituales de consumo, permiten romper las dinámicas del orden tradicional, visible en la cola como metáfora del orden espacio temporal, pero también como parte de la idea de un neo-disciplinamiento ciudadano. La capacidad de hacer trabajo de campo, y de pensarlo ética y críticamente, es también, estar atento a las nuevas conformaciones que se dan en ese espacio nuevo que proponen los medios electrónicos de creación de virtualidad. No es sólo que tengamos que mirar hacía ahí porque la gente lo hace, que también, es mirar hacía ahí porque es el lugar desde el que parte toda una nueva manera de hacer sociedad, de construir cultura, de recrear la contraposición natural/social, de lo propio/ajeno, del tiempo frente al espacio, obviamente con los retos que propone investigar, además, en y con un medio tan complejo, escurridizo y diferente.

La estación como una experiencia

La experiencia de lo urbano tiene que ser atacada, consiguientemente, en la propia idea de que todo empieza y acaba en una estación de tren, de autobús, en un aparcamiento, en la parada del transporte (Chambers, 1986: 18-19), que nos lleva de aquí para allá, que nos permite el sabernos del lugar o de fuera. Una estación de autobuses sólo puede ser el principio y el fin de todo lo que tenga que ver con una narrativa, es el lugar donde el sujeto entra en la idea del tránsito, en la falta de corporalidad que le ha de llevar de aquí para allá. Por eso, la estación de autobuses es clave para entender lo social, porque transforma a los sujetos en narrativas corporales, en viajeros. Se puede decir que es un transformador del objeto cuerpo.

La estación cumple, en este sentido, con un elemento añadido muy interesante: es un lugar donde todo parece meticulosamente repetido, previsible y ajustado a un horario. Y, sin embargo, es más un lugar de construcciones míticas que de rituales, ya que, en cierta medida, el ritual responde a un espacio de interacción social en función de los intereses del mercado, mientras que los sujetos se ven reconstruidos en una categoría de movilidad, viajeros, y en cuanto tales cuerpos míticos. Todo concuerda, porque la estación fuera de cualquier otra función es un espacio donde se cumple con la idea de que la gente interactúa en función de un acontecimiento que se basa en un mito del capitalismo: todo ocurre en un lugar y tiempo prefijado. A diferencia de otros sistemas, la estación de autobuses suple el anterior sistema donde los autobuses no tenían ni un horario claro ni un espacio determinado para parar, todo era un hecho aproximado a lo que mil elementos ajenos determinaban, desde la cantidad de paradas que se hacían al estado de las carreteras. Pero al construirse las estaciones todo queda establecido dentro de la vocación taylorista de producción espacio-temporal. El espacio es uno y los tiempos previamente ajustados, sin atender a ningún condicionante externo ni elementos que determinan el horario. El mito está creado. Hay un lugar y un tiempo en que el viajero se bajará del autobús y otro para montarse (Dalmaso y Coutinho, 2010). La vida en sociedad tiene un supuesto orden que hace que lo urbano, en este caso, no sea más que un teatro donde los cuerpos cumplen papeles dramatizados donde desarrollan deseos e inquietudes (Goffman, 1991: 191-196). Si podemos leer el texto social en la estación de autobuses es porque su ritual está inicialmente creado en sus mitos y porque todo es reducido a una narrativa de objetos y cuerpos móviles en una cierta transformación.

Claro que, a diferencia del aeropuerto, con su fascinación por lo aséptico, la paranoia por la seguridad y el plegamiento a la realidad disciplinar y de control, en la estación de autobuses los cuerpos son transformados en un bajo impacto, son cuerpos viajeros que no se desarticulan en un permanente control sino en la necesidad de entrar, salir, llegar e irse. La estación de autobuses es, en este sentido, un paso previo, pero por eso mismo, diferente, del aeropuerto. Aquí los cuerpos tienen aún la idea de que son cuerpos en tránsito más que cuerpos en transformación, aquí son todavía más duros, más físicos y tienen incluso más capacidad de mostrarse con una apariencia de ciudadanía.

En efecto, la estación de autobuses es también un transmutador bio-jurídico, permite mostrar el momento en que los cuerpos pasan del *régimen* de lo público, la calle, a lo privado, el autobús. Lo que significa que tras los controles de acceso hay un reconfigurador de las situaciones sociales. De hecho, cuando se compra un billete de autobús se asume la idea de que se puede pasar, se tiene derecho a un viaje, cuando en realidad lo que uno hace es asumir su lugar en la lógica de mercado postcapitalista, donde los sujetos son reducidos a un cuerpo que se transporta, a una razón jurídica basada en cuerpos-objeto que se llevan de aquí para allá.

A la vez que se da esta física de los cuerpos en transformación jurídica, concurre una, bien diferente, química de las conexiones. Cuerpos conectados y desconectados, sujetos que se dicen adiós y se besan, y cuerpos que se muestran, en la línea de la cola de la espera, dispuestos al contacto, generalmente breve e imperceptible. Pero una estación de autobuses es también el símbolo de una modernidad, de una voluntad de progreso basada en la conexión entre puntos, es un nodo de una sociedad que se piensa en red. De ahí que la idea de conexión —en última instancia, una forma de planificación tecno-política— termine por empapar también a la idea, más decimonónica, de movilidad (Castilho, 2012). De movilidad permanente. La estación de autobuses, como nudo de una red, el terminal de la información, el *interfaz* de un complejo sistema que opera en su doble sentido, como deseo, un deseo viajero y, como metáfora, de la idea de transformación de los cuerpos viajeros. Pero es la propia idea de estación de autobuses la que deja claro su voluntad de tratar a los cuerpos no por lo que son, determinado su posición, sino por su 'estar haciendo', el estado. La estación, consecuentemente, reduce el cuerpo a un nivel de hacer, un mandato en la máquina del deseo de irse, de llegar, de no quedarse.

De hecho, en la estación se puede esperar —un estado inestable y ralentizado de la materia en movimiento, que supone una tensión del sistema cuerpo—, pero no se puede quedar, que se entiende como un sistema apagado y estacionario. En la estación los cuerpos no ocupan un lugar, sino que transitan a diferentes velocidades el espacio de transformación. Por eso mismo, quizás no sea un lugar, sino sólo un espacio, en cierta medida, porque sus coordenadas físicas son visibles en relación al doble juego de lo que ocurre, de lo que sólo puede ocurrir, que es subir y bajar de un autobús, esperar o comprar un billete, acaso otras actividades marginales, como la de hacer etnografía, también algo factual y transitorio. Y, a su vez, también, porque la estación de autobuses aprovecha esas coordenadas para hacerse presente, por medio de volúmenes arquitectónicos, en la ciudad. Espacios para los viajeros, que no tanto un lugar, que sólo es tal en la superposición del mapa sobre el territorio urbano.

La estación de autobuses en su dinámica histórica

La estación de autobuses es una novedad de bien entrado el siglo XX, asociada por un lado al desarrollo de las modernas ciudades y al planteamiento de movilidad urbana e interurbana como apuesta política y, por otro, como un proceso empresarial privado decidido a plantar cara al transporte nacionalizado que representaba el tren (Frax y Madrazo, 2001. Millán, 2001, 2006. Montes, 1999. Seijo, 2006). En este sentido, la estación de autobuses es una suerte de utopía del mundo empresarial, asociado al transporte, a la ingeniería y a las tecnologías sociales. Las estaciones de autobuses son centros legalmente reconocidos para la salida y llegada de autobuses, de carácter público, regular, y que transportan viajeros por carretera.

A diferencia de los apeaderos, las estaciones son relativamente inflexibles y tienden a mantenerse en lo que la legislación vigente toca respecto a este tipo de establecimientos públicos. Las estaciones de autobuses, además, son un complejo entramado de empresas públicas, con diferentes niveles de responsabilidad, aunque generalmente recae sobre los ayuntamientos, en su relación con otras de carácter privado, tanto en lo tocante a la explotación de la propia estación, como respecto a las líneas de autobuses que utilizan sus servicios. Las condiciones de comodidad y seguridad que estos centros ofrecen al viajero para la espera, facilidad en las correspondencias, servicios complementarios (bar, restaurante, locales comerciales o servicios higiénicos) e información, contribuyen a mejorar la calidad y prestaciones y, obviamente, generan demandas inducidas. En cierta medida, como ocurre con prácticamente cualquier servicio prestado desde el postcapitalismo (Cohen 2010: 93-108), la horizontalidad del negocio, sea cual sea, es enorme. Y, por eso mismo, toda empresa genera negocio a empresas paralelas y, consecuentemente, el entramado prácticamente no deja huecos.

Así, pues, la estación de autobuses es, a su vez, espacio de negocios horizontales, donde todo se convierte en un espacio privativo del mercado: esperar al autobús se hace mirando una pantalla que dice los horarios y los andenes de salida que tiene anuncios de empresas locales, o tomando un café o comiendo, o gastando unas monedas en una pequeña tienda de dulces 'infantiles'. De hecho, la estación, con el paso del tiempo, ha perdido mucho de su sentido comercial clásico: existía hasta hace no mucho una tienda de regalos, una de comestibles-panadería, un estanco y venta de prensa y una cafetería restaurante… además del hotel, restaurante, cafetería-bar ubicada sobre la estación, todo lo cual se ha suprimido en virtud de un tipo de negocio más global de máquinas expendedoras y negocios fuera del espacio de la estación. No en vano, la estación nunca se ha de dejado de ver como un *atractor* económico, lo que a la corta significa negocio a su alrededor y a su costa. En este sentido, para los usuarios de los autobuses, la estación no es tanto un espacio funcional, cuanto más un espacio tecnológico de las economías capitalistas. Esperar el autobús no puede ser simplemente un esperar, sino una parte del propio espacio privativo del mercado, que hace del hecho *esperar*, también, una actividad comercial y lucrativa.

Esta idea de que estamos ante un espacio tradicional, a la vez que antiguo y obsoleto, no es tan visible en su arquitectura, cuánto más en los muchos detalles que hablan de elementos de otros tiempos: las puertas, ventanas y ventanillas de venta de billetes son de madera, la falta de un equipamiento real en tiendas y cafetería, y, con la pérdida del hotel que le acompañaba, incluso con la remodelación de la plaza de acceso a un suerte de espacio vacío, no funcional, ni recreativo, todo tiene un toque que va de lo tradicional, a lo ajado, a lo sobre-usado. La estación parece un edificio viejo y mal diseñado, lo que responde, obviamente, a la falta de una previsión urbanística, cuanto más a los intereses particulares de aquellos que ven un espacio en el centro de Jaén que debería usarse para tener más comercios y menos servicios. Pero, aun así, la estación sobrevive con su constante idea de ser un elemento heredado de otros tiempos en el donde se combinan los modernísimos medios de información por televisión de plasma puestos en las paredes con los anuncios de ópticas y compañías de seguro pintados a mano en los muros, tal cual se hacía desde los años 50.

En efecto, la estación de autobuses, como cualquiera de los espacios privilegiados por el capitalismo, no es simplemente un espacio funcional, donde de manera sencilla y eficaz se puede hacer uso de un transporte; no sólo es una cuestión de espacios donde se cumple con un servicio, tal cual parece rezar su rótulo (Olalla, 1977), sino que, ante todo, es un espacio complejo donde se mueven múltiples niveles de uso y disfrute, de mercado y de gasto, donde todo tiene múltiples lecturas a la vez y nada es sólo lo que parece. De hecho, podemos decir que la estación de autobuses de Jaén es, además de eso mismo —una estación de autobuses—, otras cuatro funcionalidades diferentes: un espacio de negocio global, una apuesta urbanística cambiante e históricamente re-situada, la metáfora de una sociedad en constante movilidad, y la representación de las políticas por un modelo basado en el transporte desde lo puramente comercial y privado. De hecho, estas cuatro realidades se concentran en todo lo que ha significado, desde los años del desarrollismo franquista, la apuesta por la movilidad planificada, centrada en el negocio privado, la individualización de las conductas y de las responsabilidades sociales, la creencia de que el Estado y sus organismos de gobierno sólo gestionan los sentimientos de unos ciudadanos consumidores que se las tienen que ver con los particulares intereses de las empresas, cada vez más globales, que gestionan los deseos y necesidades de los sujetos.

El centro de un relato

La historia reciente de la ciudad de Jaén es, seguramente, el texto inscrito en la genealogía propia de su estación de autobuses: nacida de un proyecto desarrollista de finales de los años 50 del siglo pasado, parece dar una apariencia de centralidad a la ciudad, pero no menos al territorio provincial. A esto hay que sumar la imposición de una serie de medidas que llevaron en los años 60 a una apuesta por el transporte por carretera, siendo este una parte de la idea vertebradora del territorio nacional. De la misma manera, el Ministerio de Fomento en estos años llega a un cierto trato con las empresas privadas de transporte de viajeros, las cuales nacieron en general durante las tres primeras décadas del siglo XX y que habían conformado el núcleo duro de un sistema que se decidía por un sistema mixto de servicio: las empresas de autobuses eran privadas, pero altamente subvencionadas y con un trato de favor en lo tocante al monopolio de las líneas, a las rutas, y a los precios de carburante. Todo ello creaba un mapa de infraestructuras frente al tren, nacionalizado, y a la red de carreteras, que daba directamente un trato de favor al coche privado, algo que terminó de evidenciarse con la llegada de la democracia. Evidentemente, durante el franquismo se dejaron marcados los pasos para que el desarrollo del transporte fuera, cada vez más, un mapa del individualismo asociado al automóvil privado.

La estación de autobuses de Jaén está declarada como bien inmueble del Catálogo de Patrimonio Andaluz (BOJA, 2006), una significativa iniciativa política que ha permitido parar su destrucción y derribo, aunque no evita que se siga cuestionado su uso, así como que se ambicione el espacio que ocupa. Antes de la estación de autobuses se usaba para estos fines la Plaza del Deán Mazas. En 1940, los arquitectos Laguna y López Rivera presentan un primer proyecto por encargo del Ayuntamiento de Jaén. Posteriormente, se redacta un nuevo proyecto encargado por la compañía Auto-Estaciones a los arquitectos Sánchez Ballesta y De la Peña, que introducen un buen número de variaciones al proyecto de 1941. La dirección de obra la lleva el arquitecto Antonio Querejeta Rueda, tras el fallecimiento de Sánchez Ballesta. Es este arquitecto el que le introduce los gestos vernáculos e historicistas al edificio. Aunque no es lo que aquí tratamos, es importante reconocer que el edificio tiene, en sintonía con el planteamiento de la época, un hotel añadido. Dado su mal estado —a causa, principalmente, de las goteras— y su desfase tecnológico, estuvo al borde de la demolición en varias ocasiones, con el fin de construir una nueva estación y aparcamientos subterráneos, hasta que fue finalmente declarado Bien de Catalogación General y restaurado en parte por el Ayuntamiento de Jaén y por la Junta de Andalucía, si bien dicha restauración sólo supuso arreglos en la estación, no en el hotel. A la vez que todo esto responde a una nueva mirada historicista y comprensiva de la arquitectura como parte de un patrimonio heredado, una idea de que el pasado vive apegado a lo que recibimos en forma de materiales, físicas y técnicas (González y Santofimia, 2012. Shapiro, 2011), una suerte de mecánica hace del edificio proyectado desde el poder un asunto a conservar como verdadera forma de la identidad. Arquitectónicamente, se trata de un proyecto con vocación claramente racionalista, como lo atestiguan las diversas propuestas que se suceden entre los años 1940 y 1945. Pretende formalizar las ideas del *Movimiento Moderno* extendidas por Europa con una arquitectura regional racionalista que facilitara la idea de funcionalidad. El edificio se compone de una gran sala de espera y que es el vestíbulo principal de la estación, sobre la que se levanta el hotel. Se cierra sobre sí mismo con un muro que crea el espacio para los andenes y posee en la entrada una torre de reloj. La resolución de los remates en forma de curva, limpios de ornamento, es de una incontestable potencia formal, muy característica de los planteamientos arquitectónicos del racionalismo. Destaca la estructura porticada del vestíbulo, prolongada hacia los andenes exteriores como una imponente marquesina volada (Casuso, 1996, 2001. Galera, 2000. López, 2000. Quesada, Casuso, 2006).

La estación ha sido, y es, un punto neurálgico de la ciudad, que permite entender que Jaén capital es el centro regional, económico, administrativo, y el polo de atracción social y cultural de un enorme territorio. De hecho, es curioso entender como mucha gente recuerda que la estación suponía, para muchos habitantes de los pueblos y ciudades de la provincia, venir a un Jaén relativamente moderno y caer en el centro de la ciudad, donde los edificios administrativos, institucionales, de educación u ocio, así como multitud de comercios de todo tipo, era un elemento clave de los planes e imaginarios con respecto a la vida en una sociedad de centros-periferias. Puede que, al día de hoy, la estación se encuentre habitada y usada por una corte de gente que vive en las capas más vulnerables y débiles económicamente de la sociedad (estudiantes y jóvenes, migrantes, mujeres trabajadoras y, sobre todo, personas mayores) pero eso no resta para entender el complejo proceso político y económico sobre el que se ha construido y hecho la genealogía de este espacio social. De hecho, todo esto es un producto en una sucesión de causas-efecto de la decidida apuesta desde los años 30 por parte de los poderes del Estado por el transporte por carretera, frente a otros medios y maneras, lo que ha dado a los autobuses, altamente subvencionados, un potencial y centralidad determinante en la historia de la movilidad española (Cobos y Martínez, 2006. Cuéllar, 2001, 2003). A su vez, y como ya decíamos, la estación ha sido un punto central también de las miradas locales, primero porque permite que la capital fuera el centro de una enorme comarca, donde se gestionan los servicios administrativos y comerciales de un enorme entorno; segundo, porque se trata de una manera discreta y asequible de viajar como parte de la emigración interior y, sobre todo, exterior.

Fluidos en la física del poder

En cualquier caso, la idea clave seguro que tiene que ver con el fluir. En la estación la gente fluye, va de un sitio para otro. En el trabajo de campo, sentado en un banco, tenía la impresión que todo se parecía a un enorme éxodo, a una huida permanente, nada permanecía en el sitio, todo es un ir y venir. Y nada parece contener este constante ir y venir de sujetos que, como en un fluido, se desparraman por todo el espacio sin que nada parezca contenerlos. Incluso, las propias dinámicas arquitectónicas, planteadas para que se entre y salga por la única puerta principal, son rotas de manera permanente por los sujetos que utilizan la entrada y salida de los autobuses para salir más rápido.

Son fluidos en constante movimientos, sujetos a una dinámica que nos les permite ni ser fijados ni establecerse en un único lugar, a la vez que desbordan toda la realidad espacial. La capacidad del fluir viene determinada por la cantidad de gentes que usan la estación. En el mundo de los ingenieros y arquitectos técnicos se estudia todo esto desde una razón que, para los que acostumbramos a ver la realidad en pequeño, resulta cuando menos sorpresiva. La adecuación entre las necesidades, el tamaño de la estación y los flujos, así como el volumen de población de la ciudad, el tipo de servicio que se ofrece, y la capacidad material son variables que terminan por configurar esa doble realidad de ser parte de la ingeniería civil y, a la vez, una administración empresarial (Millán, 2001: 21-23), que parece ser a lo que el mundo técnico reduce a una estación: un espacio arquitectónico lleno de dársenas y con una funcionalidad de carácter empresarial.

En el fluir de la gente, la dársena no es sólo un espacio en el que el autobús se detiene para dejar o recoger viajeros, es un lugar de mirada, un espacio que se observa y que sirve, consiguientemente, de frontera entre dos principios, el del autobús y el de ese espacio natural que es la estación. La dársena ya no es sólo el lugar del autobús, sino el lugar donde el viajero deja de fluir, deja de ser un hecho y empieza a ser un sustantivo, el espacio de transformación de ser un cuerpo activo a estar en un cuerpo pasivo. Se pasa de ciudadano-consumo a cuerpo-viajero. Digamos que la dársena no es tanto un espacio sino una frontera, una raya que delimita hasta dónde es un *sujeto* y qué le ocurre luego siendo Otro: un *trasmutador* que permite situar tanto las mecánicas de la subjetividad, como las prácticas subjetivas. El fluir de la estación tiene, consecuentemente, algo de automático y es, sin duda, un lugar que muestra con una cierta certeza las enormes capacidades de urbanidad, disciplina y control que se ejercen constantemente con el *corpus* social. Entrar y comprar el billete de manera ordenada, subir, bajar o meter las maletas o esperar de manera ordenada, remarcan las dos ideas de lo que entendemos por vivir en una sociedad civilizada: guardar el turno según el criterio temporal de llegada no forzando a los demás y pagar el autobús, en cuanto servicio, entendiendo que cada sujeto es uno. Es decir, la estación de autobuses remarca una idea permanente de individualidad en el eje uso-consumo y en el enorme disciplinamiento que se efectúan en el mundo social. Y este hecho, o este conjunto de hechos, más bien, naturalizados y asumidos, se hacen en tanto que se fluye.

No se fluye en cuanto que los sujetos van de un lado a otro, sino que se fluye en una dinámica del movimiento, en una serie de itinerarios marcados y con unas prácticas asociadas. En la estación de autobuses no se establece nada que no esté dentro de una finalidad dada: contenerse o des-contenerse de un autobús. Este principio rector no es tanto una realidad que se establece desde algún lugar, idea o concepto con respecto a la funcionalidad de la estación de autobuses: qué otra cosa podría ser una estación sino lo que parece, una instalación funcional dedicada a la gestión de los viajes. Sin embargo, no es sólo eso, o, por lo menos, eso es sólo lo que parece, pues el aparato disciplinar de cómo se hace y cómo se vive esa funcionalidad y gestión determina que estamos ante un espacio muy significativo de la vida social de la ciudad que la mantiene. Sinceramente, mi pensamiento como antropólogo no se puede resumir en que crea, o no, que esto de la estación de autobuses de Jaén sea un lugar importante, pues como usuario de este y otros espacios sociales no creo que el mundo esté resumido en este espacio. Acaso, por lo poco que sé del mundo, ciertamente nada anuncia que tenga por qué estar muy preocupado por lo que aquí ocurra o se signifiqué. Si yo lo doy por significativo e importante no es por lo que yo piense, sino porque la gente que lo ha construido, lo ha ideado, lo gestiona, y usa le da significados e importancias para construir el mundo en que viven. Y la significación de la estación no sólo es que la gente lo haga funcional tal como lo que parece, sino el profundo sentido histórico y contextual que supone. No en vano, la estación resume la historia reciente de la ciudad, la forma en cómo desde hace casi un siglo se establece la cotidianidad entre lo que los sujetos sociales consideran público y lo que es privado e, incluso, lo que muchos crean como privativo. La estación es, también, el resultado de unas políticas que han hecho de la tecnología su centro, una tecnología que hace del automóvil y del transporte algo empresarial, individual y normativo. Pero estas tecnologías son, en lo más significativo, formas mecanizadas en las vidas de la cotidianidad, donde los sujetos se hacen en cierta medida mecanismos corporales, disciplinados, controlados y normativizados, en un fluir, eso sí, como partículas en una reconocida y constante microfísica.

Quizás el hombre moderno, que se soñó en la República de Weimar, fuera aquel que aunaba el concepto de movilidad al de espacio; moverse requiere, en cierta medida, de la idea de que el espacio está lo suficientemente culturizado como para poder desplazarse por él. Pero el sujeto contemporáneo es más complejo y está cristalizado en muchos otros elementos que le fijan a realidades por las que es difícil moverse. Esta idea de que los sujetos se desplazan para ir de aquí para allá, no es más que una metáfora del ir para aquí en un contexto mercantil y en un espacio privativo, donde la idea del movimiento fija al individuo a un sedentarismo activo, el llamado *sedentarismo nómada*, que analíticamente es rotacional, individual, mecánico y masivo (Bericat, 1994: 115-120), y que aquí, en la estación de autobuses, es tan obvio, ya que se observa la imposibilidad de fijar a los sujetos a un espacio con el que sólo se pueden relacionar en la medida que se desplazan para ir o volver siempre a un espacio dado de antemano. Partículas en constante movimiento rotacional que sedentarizan sus realidades, flujos y contenciones, controles y particularidades: todo parece el guion de una enorme obra de teatro donde los sujetos se convierten en elementos individuales, sin más posibilidad de vivir que ser parte de un entramado mayor de dispositivos de contención, de dinámicas de fluidos, y de gestiones energéticas. En el fondo, la estación es una presa que contiene, almacena y gestiona partículas líquidas, pero a lo mejor es también la metáfora de una sociedad donde el movimiento social, de clase, de género, de nacionalidad, es tan verdadero como poco probable. La estación de autobuses, con su empeño en ser el nexo comunicativo, no deja de ser un espacio donde la movilidad social muestra la cara de la vida social, la movilidad es un imposible; los sujetos, acaso, rotan por el espacio dando a la movilidad un contenido semántico que supone, en la medida que la regla es poder ser libre, tener la capacidad de ir a todos los sitios a los que obviamente nunca se irá. Como metáfora de lo social, la estación de autobuses muestra que es posible ir a casi cualquier sitio, aunque, una vez en el interior de la estación, las personas sólo pueden ir a un sitio: en el mejor de los casos, al que les corresponde; en el peor, a la incertidumbre, ese lugar donde sólo se puede ser una partícula, un radical libre en búsqueda de oxígeno.

Un relato sin futuro

La imagen de la estación de autobuses de Jaén, aunque podría decirse de otras, es que es un edificio viejo que no cumple con rigor con la funcionalidad para la que fue ideado. Tras su aparataje técnico se esconde un fluir que da forma *tekno*-lógica a lo que se ha de operar sobre lo social y dónde se remarcan todas aquellas ideas asociadas a la empresa privada, la individualización y la mercantilización. De alguna manera, la imagen de que se trata de un viejo edificio es más un efecto óptico que otra cosa. Digamos que es una construcción poco cuidada, nada conservada, y con un planteamiento arquitectónico muy alejado de los actuales edificios de cristal y aluminio. Sin embargo, la estación de autobuses es, en muchos sentidos, un proyecto que textualiza muy bien el concepto de modernidad con el que se construyó la España victoriosa de la posguerra, donde el pacto de crear una sociedad civil pasaba por dos puntos: dejar la economía en manos de las empresas privadas y dar la oportunidad para que la sociedad cada vez fuera más individual, fluida y aséptica. Consecuentemente, la estación de autobuses creaba una imagen de victoria, de fuerza, de atención a los nuevos principios del nacionalcatolicismo que servían de base al franquismo, con su centralismo y juego de centros-periferias, de niveles de desarrollo y de subordinación. Además, dejaba en manos de la empresa privada su construcción y explotación, la gestión de un servicio social que sería clave para el modelo de vertebración social española y que permitiría, a la postre, establecer las bases que provocarían la enorme reconfiguración del mapa social, demográfico y político que se estaba gestando, al permitir, pero a la vez controlar y disciplinar, los movimientos de las personas por el territorio *nacional*.

La estación de autobuses cumplió, en aquellos primeros momentos de su historia, además, con otros dos elementos que resaltan la modernidad y los elementos con que fue planteada: por un lado, la gran capacidad de normalización de todo lo que tenía que ver con el transporte, permitiendo un control de las empresas, de la carga y de los viajeros. En última instancia, no puede darse una gestión de la sociedad si no es, primeramente, controlando sus flujos y las formas en cómo se asume la idea de movilidad. La estación de autobuses, con su enorme capacidad de objetivar a los viajeros y sus enseres, permite un control y disciplinamiento que es clave para la idea de modernidad que se da en las zonas periféricas del Estado español, primero franquista, y luego de la democracia: desde la *persecución* del estraperlo, esa forma de economía sumergida que permitió que las clases sociales beneficiarias de la victoria franquista se saltaran los férreos controles de bienes que había establecido el Estado, hasta el control y gestión de los flujos migratorios de los años 50 del siglo XX, pasando por las más que actuales implementaciones de la capitalización y centralidad de la política provincial y local —lo que ha sido causa efecto de que Jaén pueda tener una Universidad propia—, o el control, muy sutil, de la emigración africana, articulando la movilidad en esta zona que vive de la doble explotación de la tierra y de quien la trabaja (un ejemplo paralelo está en Fernández Santamaría, 2000). Por otro lado, el gran constructor de la modernidad es la puesta en marcha, exaltación y desarrollo del coche particular. Si hay algo de permanente decadencia en la estación de autobuses, en la falta de una cierta mirada de actualidad —que se expresa en la ida de que es un espacio viejo y usado—, es porque la estación de autobuses se ha quedado como un espacio de clase, un lugar donde trabaja la idea de que usamos los servicios públicos en función del lugar que ocupamos socialmente. Los mundos postcapitalistas seguramente ya no funcionan en sintonía de lo que proponen —ofrecer un servicio universal— sino en la medida que ofrecen elementos que muestran la vocación de ser parte de una distinción ideológica y económica, de clase, en última instancia.

La estación de autobuses tampoco puede resistirse a una mirada más pequeña y esta revela que la estación es utilizada por un número creciente de personas en los márgenes sociales, económicos, de género, de edad y de carácter étnico. Esto no puede ser sólo un efecto de las crisis económicas, sino que se trata más bien del lugar en que se plantea la modernidad y sus posibles velocidades. No podemos pensar de otra manera cuando vemos, en la principal etnografía sobre estaciones de autobuses (Meir-Dviri y Raz, 1995), que todo esto no es otra cosa que un espacio donde grupos sociales marginados —en los estudios clásicos: pedigüeños y limosneros— ocupan su tiempo y energías en ser visualizados, protegidos y adscritos (Callahan, 2013). De manera más local, podemos ver que aquí la apuesta por el transporte por carretera y por la gestión empresarial privativa del transporte dieron con una imagen concreta de quién usa qué medio de transporte y para qué. En cierta medida la estación de autobuses no es un elemento que se pueda estudiar si no es en relación a su cambiante y fluida historia, así como el lugar que, al configurar las políticas de la movilidad, estructurando la ciudad de una manera precisa y concreta (Julià, 2006), termina por configurar una imagen de la vida urbana centrada en que todo es, en definitiva, una parte de un itinerario donde sólo se transita (Delgado, 2007).

Ser ciudadano, ser parte de la ciudad, es más un estar en alguna posición relativa que una admisión de la identidad; acaso sólo cuando se consume se tiene un momento de subjetividad y puede ser el momento en que se forma parte de la comunidad. Quizás el único momento exacto en que todo tiene sentido, conformando una unidad con el resto del cuerpo social, es el poco tiempo en que se está parado esperando la llegada del autobús o al comprar el billete. Un breve momento de contacto con lo social donde se podría ver toda la maquinaria en funcionamiento, pero dura tan poco, es tan improbable, está tan cerrado por el consiguiente acto de consumo que es una experiencia intrascendente y no acumulativa. Aun así, abre un hilo de esperanza, un intersticio minúsculo sobre el asfalto, estipula la posibilidad de otra sociedad diferente.

Como proyecto social de modernidad, la estación de autobuses es la imagen de un fracaso: lo público es sólo un espacio donde opera la empresa privada subvencionada. De hecho, la estación de autobuses es un lugar privilegiado del capitalismo, de sus políticas y economías, en donde se puede ver con claridad quién es la bestia, qué come y qué mano le alimenta. Una vez que se mercantilizan los servicios sociales, el Estado del Bienestar está en otros parámetros más allá de establecer una serie de derechos para los ciudadanos (Andrade y otros: 2000. Soriano y otros, 2011). Todo se torna en una política encaminada a satisfacer necesidades que se cuantifican en apuntes contables que tienen que dar, sí o sí, beneficios. Pero, quizás, detrás de este espacio, hay otras verdades sociales, culturales y políticas. Seguramente es importante entenderlo como un lugar donde se gestionan los riesgos, ahora ya de un orden pacífico y tecnológico, y donde lo social se disciplina en una red de acuerdos normativos en torno a elementos complejos y vulnerables (Beck, 2000: 78-82). Mover cuerpos tiene algo de *riesgoso*, de un riesgo que la estación de autobuses gestiona como si de una moderna tecnología se tratara, calculando los movimientos, los tiempos, los espacios en una eficacia que quizás sólo sea eso, un control de los riesgos, de la vulnerabilidad de los cuerpos, de las prácticas e inseguridades industriales y mecánicas, y de la incertidumbre institucional y empresarial.

Así, la estación de autobuses es también el lugar de la gestión de múltiples riesgos y, por ende, es parte de la industria de los seguros, un invento muy moderno que hace un cálculo de la fatalidad como algo inevitable: seguro de automóvil, de transporte, de protección civil, y de uso y disfrute del espacio público que reconoce, por medio de estos mecanismos, la idea de que son privados y privativos, gestionados y controlados. La estación de autobuses se convierte en un espacio que calcula el riesgo y convierte a los viajeros y usuarios en un número probabilístico, es un 'riesgo' que es predecible estadísticamente. Al reducir a los sujetos a su propia corporalidad de la estadística, a la variable que le determina como objeto de la mirada cientifista, se suprime la idea de que se tenga un comportamiento social y se reduce todo a una individualización del daño.

El seguro, que la estación de autobuses gestiona, no acaba con el riesgo, sino que lo canaliza hacia el individuo; eso sí, individuo ya convertido en cuerpo de y para el consumo y que carece de otra posibilidad que aquella de ser un hecho comercial. La estación de autobuses una vez más da esa apariencia de espacio público cuando es sólo privado, un espacio políticamente intermedio entre las ideas del socialismo protector, previsor y garantista, y el neoliberalismo empresarial encargado de generar una constante de riesgos que son la nueva y más efectiva manera de crear beneficios.

Por otro lado, la estación de autobuses de Jaén nos plantea una posibilidad de entender este tipo de espacios *transtradicionales* (Gideens, 1997). Durante décadas corrió la idea de que los servicios de la estación eran un lugar donde ancianos pederastas y hombres homosexuales de mediana edad venían en búsqueda de jóvenes a los que masturbar (la idea tiene un correlato trágico en la denuncia de una mujer por violación en este espacio en febrero del 2014). Durante tanto tiempo escuche este mito urbano, que se extiende por todas las estaciones de transporte público del mundo capitalista (Mileski y Black, 1972. Sundholm, 1973), que llegué a creer que era mentira. Sin embargo, qué puede ser una estación de autobuses sino el lugar exacto donde todos los viajes son posibles, una frontera en donde viven las normas de una sociedad y los pasadizos que llevan a otros mundos, un lugar lleno de resquicios y donde la sociedad propone un encuentro de múltiples elementos. Si la estación representa el lugar del encuentro, de la despedida, de las idas y venidas, sus servicios públicos no pueden ser otro sitio que el lugar privativo de lo que la experiencia viajar propone, el encuentro con un desconocido, la posibilidad de que la vida en los límites de la sociedad normalizadora y civilizadora de lugar a espacios de anonimato, de gozo, de experimentación. La modernidad tenía estas cosas, proponía en todas las direcciones, mientras construía disciplina que exige controles; a la vez que ofrecía un servicio público dejaba la puerta abierta a los encuentros fortuitos, a las mitologías sexuales liberadoras y vigilantes. Por eso mismo, el servicio de la estación fue controlado, limpiado y vigilado por un *inválido* de guerra —obviamente del bando vencido de la Guerra Civil— que, desde la humillación del trabajo en un lugar apartado y sucio, tenía que recibir una moneda del Estado policial para que sirviera de chivato, y otra del homosexual de turno, para que mirara para otro lado. La estación, como *transtradicionalidad*, es un experimento de la movilidad, pero ante todo de la gestión de las corporalidades en un lugar fronterizo y extremo.

Mochila

> «El que quiere llegar a cierta medida a la libertad
> de la razón no tiene derecho, durante cierto
> tiempo, a sentirse sobre la tierra otra cosa que
> un viajero [...] no puede ligar fuertemente su
> corazón a nada particular: es preciso que haya
> siempre en él algo del viajero que encuentra
> su placer en el cambio y en el paisaje»
> Friedrich Nietzsche, *El Anticristo*.

Una metáfora para la vida

Habitamos un mundo donde los sujetos han convertido todo en pura movilidad, donde los objetos, las personas y las ideas viajan saltando fronteras, cruzando umbrales y practicando la inquietud, pero a la vez, un mundo donde todo parece inamovible en el proceso del postcapitalismo, que se muestra como la única manera de movilidad posible, así como, la alternativa para no caer en un retroceso (Appadurai, 2006). En este mundo móvil, la principal diferencia entre los sujetos y sus cosas es cómo viajan, cuáles son sus pertrechos y cómo atraviesan las fronteras —esas que cada vez más nos separan como productos ideológicos—. El viaje, uno de esos productos desarrollados dentro de la idea de la movilidad postcapitalista —lo que conocemos es un *régimen de movilidad*—, se ha convertido en un ideal de vida y en una metáfora del propio mundo occidental, estableciendo capas, modelos y tipologías para todo gusto, sabor y forma de pensar (de manera general, en el *mobility turn* y sus debates con el mundo global del transporte y los cuerpos viajeros. [Glick-Schiller y Salazar, 2013. Hannam; Sheller y Urry, 2006. Koslowski, 2011. Pujadas, 2012. Urry, 2007]).

Como aquí veremos, esta multiplicidad de viajes y viajeros, lejos de ser una posibilidad de diversidad es, sobre todo, un engrandecimiento y amplificación de un discurso de disciplinamiento sobre los cuerpos para el consumo. Es más, lo importante no es si viajamos, sino cómo lo hacemos: lo urgente no está en la reflexión del encuentro viajero, sino en el hecho de constatar ante los pares que estuvimos allí; lo razonable ya no es hacer el viaje que nos enfrente con nuestras ideas y valores, sino imponernos la idea de que los nuestros son los únicos posibles. El viaje ya no es un descubrimiento, sino un constructo en que los otros son una anécdota. En este panorama, el viaje es, consecuentemente un elemento imprescindible de la fuerza de Occidente, su modelo capitalista democrático y el nuevo espacio discursivo del colonialismo poshumanista.

En este sentido, digamos que hemos convertido el viaje en parte de una compleja red de categorías de desplazamientos. Por un lado, aquellas que tienen un sentido de ida y vuelta, frente a las que son un cambio de destino, y aquellas otras que implementan, con más o menos profusión, el ir cargados de objetos. Todo viaje impone un desplazar y llevarse cosas de nuestro mundo de origen, las más obvias, las de orden ideológico, y las más evidentes, las de orden material —aquellas que nos unen con un mundo de pertenencias—. De ahí la maleta, la bolsa de viaje y, cómo no, la mochila. Viajar es desplazar física e ideológicamente un enorme y complejo sistema de objetos que tienen que ser contenidos de alguna manera. De hecho, no hay viaje sin mochila, maleta, macuto... hatillo. De la misma manera que todo bagaje, en la medida que responde a los objetos que creemos nos son imprescindibles para definirnos, es siempre el de lo vital. De ahí que, para el viaje contemporáneo, y todavía más para el postcapitalista, el principal sistema de transporte de objetos sea la propia corporalidad y de ahí todo lo que supone transportar una y mil cosas.

¿Es el equipaje definitivamente aquello con lo que cargamos en nuestro viaje? Obviamente, de ahí que al final nos definamos por esto mismo. El equipaje, es decir, el conjunto de valores que nos acompañan en nuestro caminar, está compuesto por una serie de elementos que, construidos culturalmente, identificamos como nuestros tópicos o lugares comunes. El equipaje, más aún el *bagage* francés, es un lugar donde se hace presente la metáfora, donde las palabras se permiten el lujo de nombrar la cosa y lo que significan en otro contexto, haciendo que se confundan en última instancia los elementos dichos en función de un significado aparentemente común. De ahí que, al final, se trate de un objeto muy determinado —la mochila, como bagaje personal y corporalizado— el que termine por tomar la idea de lo que tenemos por equipaje vital. La mochila se constituye como una metáfora y, de ahí, se produce un feedback constante en su mito como elemento personal y vital. Y del mito al rito de portar un mundo personal, sin mayores ataduras que las fuerzas del que lo lleva. Si la vida es un viaje, el equipaje que portamos es, en cierta medida, una mochila cargada de valores y tópicos, es decir, de los lugares por lo que hemos ido pasando. Pero, aun así, existe el viaje y el equipaje, de la misma manera que reconocemos al viajero y a su sombra. Para el mundo contemporáneo todo viaje, ya sea metafórico o simplemente un mito asentado sobre un rito de constante peregrinar (a la playa o al trabajo, a la romería o a los viejos amores), no puede ser otra cosa que una movilidad de un cuerpo razonado, de un objeto en la medida que lo podemos observar fuera de nosotros (por ejemplo, en Cairncross, 1997 y Franquesa, 2011). La razón del viaje es la razón de su equipaje.

El viaje tiene como principal equipaje un elemento de fundir cuerpo y paisaje, haciendo lo que los estudiosos alemanes de la cognición —mi preferido sigue siendo Korbinian Brodmann— llaman 'ser humano'. En este sentido, qué es el cerebro sino un bagaje. El capitalismo avanzado convertirá esta razón humana en una razón utilitarista, llevando todo a su concepto de cuerpo para el consumo, ahora de viajes, ahora de elementos para el equipaje, incluso del móvil como *exocerebro*. Y reducido el cuerpo a su valor de consumo, frente a su valor de uso vital, *todo* lleva a que el viaje como desplazamiento corporal sólo sea un comportamiento, más que una experiencia.

Quizás porque para el postcapitalismo —la forma concreta y contextual de la sociedad global del mundo actual—, ya no hay viaje, sino itinerario, de la misma manera que ya no hay experiencia, sino palabras. En última instancia, una sociedad que ha hecho del control del riesgo y de la transparencia su razón de ser no puede concebir que viajar sea, ante todo, una experiencia donde lo que se pone a prueba es la vida (de manera muy genérica en la filosofía de Agamben, 2007. O la sociología de Beck, 2000). De hecho, la lírica romántica de Hölderlin —en *Canto del destino de Hiperión*, por ejemplo— nos enseñó que vivir es arriesgarse a encontrar la muerte en la siguiente esquina, roca y ola de lo incierto.

Esta experiencia de lo incierto es mucho de lo que siquiera se puede comprar en el viaje con mochila, el esfuerzo personal frente al camino, llevando de equipaje sólo lo más básico, sólo lo imprescindible para que podamos sentir que no somos uno más. Una suerte de individualidad extrema y concentrada en los cuerpos viajeros. Ahora ya nadie habla con sus amigos de *citoarquitectura*, ya no sabemos susurrar que hemos leído el *Mester de Clerecía* y no podemos recordar que un día estuvimos a punto de partir a Tombuctú. Porque nada de esto cabe en una mochila, en el viaje extremo que requiere llevar lo imprescindible adherido al cuerpo sólo se puede soportar lo mínimo, el casi nada. A la última, como ya veremos un poco más abajo, en este viaje con mochila que nos venden en el mundo actual, y que hacemos como un principio de la búsqueda de algo llamado libertad, ya casi no cabe ni lo que nosotros mismos somos, mucho menos en lo que estamos o acaso hayamos estado. De hecho, las mochilas tampoco las tiene que llevar el propio sujeto de manera real, ni acaso ser responsables de ellas. Esto es lo *bueno* del viaje contemporáneo: la mochila como elemento dentro del consumo siempre es susceptible de renovarse, cederse o perderse, porque lo importante es la razón utilitarista del viaje.

El cuerpo mochilero es siempre robusto, es fuerte, en definitiva, está disciplinado. Sólo el mayor grado de disciplina permite saber que el itinerario puede ser otro. De hecho, gran parte de los nuevos viajeros con mochila tienen circuitos aparentemente más libres, más sufridos, menos trillados. Lo que sumado a lo imprescindible de lo transportado nos acerca a una nueva forma de ascetismo, donde parece que se revela la verdad de lo que el sujeto es. Pero, qué es. Obviamente sólo cuerpos en el consumo. Es incierto pensar que el sujeto se acerca a lo místico, lo indecible —aunque eso parece llevar implícito el simulacro de viajar con una mochila— cuando sólo se trata de un cuerpo que *se* consume. Claro que sólo es apariencia, el cuerpo mochilero no se consume, al contrario, se disciplina en la libertad contemporánea de elegir.

El capitalismo ve en la mochila un momento para unificar la idea de libertad, de relacionar aquellos conceptos que tienen que ver con el albedrío, con la posibilidad de ir donde el espíritu de los tiempos le lleve en la elección siempre racional, una vez más consciente y útil. Pero recordemos, la libertad en el capitalismo se llama deseo. Una compleja máquina deseante hace que los sujetos exploren una constante e infinita línea de adquisición de objetos que no pueden experimentar. Por eso, cuando vemos la mochila la clasificamos como un objeto infantil, a lo más juvenil, es decir como un elemento asociado a no tener proyecto, a no tener más que deseos. La mochila es ahora la metáfora de la libertad como deseo, ya no es una utopía, ya no es acaso un albedrío, es la democracia, es la política, es la unificación corporal en la libertad. La mochila como la representación contemporánea de la libertad, un objeto de deseo relativamente nuevo que sirve de motor para la elección en el mundo del consumo. Y si el consumidor ejerce su libertad al adquirir esto o aquello, nos dicen los padres del mercado, que los que viajan con mochila son los más libres, pues su elección es siempre sobre lo necesario, sobre lo que siendo nada es imprescindible: el cepillo de dientes y la ropa interior, es decir, nuevos símbolos de esos cuerpos-soporte y, también, metáforas de su sanidad.

El único camino posible es el que no tiene llegada
El *lector in fabula* que tengo en mente seguramente no ha viajado demasiado y mucho menos lo hace con una mochila, acaso con un pequeño hatillo, a lo más, una maleta de libros como Walter Benjamin. Pero el viajero con mochila es también el que se puede ver en la plaza del Obradoiro de Santiago

de Compostela, punto final del recorrido de las rutas conocidas como Camino de Santiago, viajes de peregrinación cristiana de origen medieval que hoy en día se hace de manera pedestre como parte de un ejercicio turístico-lúdico (véanse las etnografías de Acuña, 2000, 2015. Agís-Villaverde, 2008. Brumec, 2023. Prat-Carós, 2011). La conjunción de ambos elementos no es sino la deformación de un pensamiento contra los cuerpos mochileros, por decirlo de alguna manera plástica; en última instancia, son las ideas que nos animan a estar enfrentado al mundo que habitamos y conforma ese alrededor. De hecho, es parte de ver la mochila como un elemento característico de la acampada (una forma de colonialismo suave), de la salida organizada a la civilizada naturaleza o, acaso, de las excursiones de fin de semana que hacían en el pasado los esforzados *flechas* y *cadetes* de la fascista OJE (Organización Juvenil Española, parecido a las juventudes hitlerianas a la manera española) y, en su defecto, de los complacientes *Boys scouts*. El cuerpo mochilero es un objeto contemporáneo que plantea un enfrentamiento con lo establecido por el consumo de masas, para llevar la idea de viaje de lo turístico, como un cuerpo definido por la imposición, a un territorio de elección individual y, de ahí, a la libertad, lo que no deja de ser un espacio de consumo tecnológico, retórico e ideológico dentro de una maquinaria deseante (ya estudiado por Martín-Cabello y García-Manso, 2015).

El Camino de Santiago es un espacio que se ha transformado profundamente en la contemporaneidad, hasta el punto de que se desprende de su ideal religioso medieval para convertirse en un punto característico de la individualidad, ideario consumista y planeador de los cuerpos como tecnología. Lejos de hacer el Camino como un espacio que termina con la recompensa en la llegada, la urgencia actual es sellar una cartilla que demuestra el itinerario seguido y que se convierte en un pasaporte muy sofisticado de la identidad y ocio de la cultura occidental. En este ambiente, la mochila es la reina de los equipajes, fuertemente unida a su binomio, el cuerpo, el nuevo rey de la creación. En el Camino la gente anda, se desplaza por el paisaje sufriendo la climatología, en cierta medida en un mundo donde lo normal es viajar en máquinas encapsuladoras, y en donde hacer el Camino tiene que ser lo más cercano a una experiencia de libertad. Y aunque no lo es, tiene tintes radicales de enfrentamiento con las estructuras políticas consensuadas, tal cual hacían los *hobbos* americanos en las líneas de tren de Chicago hacia el oeste o los carrileros, esos sujetos que recorren la geografía europea vagando de un lugar a otro.

Pero, por qué creer que el enfrentamiento con su esfuerzo y con el terreno que hacen los peregrinos se produce dentro de un marco de ocio, de reconocimiento de la meta y del Camino, en un itinerario con unas reglas, cuando menos, las del propio camino (estudiado para las romerías, verdaderos ejercicios de la movilidad ritualizada por Antón-Hurtado, 1996). Podemos acordarnos ahora, y valga de ejemplo, de la película *The way* (2010), de Emilio Estévez, donde a su atribulado y entristecido protagonista, un peregrino del Camino de Santiago, se le cae a un regato la mochila donde lleva las cenizas de su hijo. Lo interesante es que pase lo que pase lo importante no es el contenido, ni acaso la mochila como tal, sino la regla de que el camino es una línea inquebrantable y que por medio de la mochila, una suerte de pasaporte de identidad, se puede dar una relación normativa con lo que allí se hace y cómo se hace. La mochila se convierte en una ficción, el soporte de un complejo nudo de relaciones entre los verbos caminar, transportar, encontrar y las formas ideológicas del pensamiento contemporáneo basadas en la idea del deseo. El resultado de todo ello es un *performance* llamado 'cuerpo mochilero'.

Desde aquí, lo más interesante es observar la relación de la mochila, como un objeto privilegiado de esta forma de ocio que es el Camino de Santiago, donde el recorrido está alejado de la experiencia del andar —ese vagar de manera arbitraria y sin preparación en el encuentro con el paisaje—, pero a su vez, marca con mucha claridad la idea de que el capitalismo nos permite alguna forma de caminar, una actividad que mecaniza la corporalidad en función del concepto de movilidad (tema central de Gros, 2014 y Le Bretón, 2011). Es decir, habría que experimentar el andar y, sin embargo, lo que se hace en el Camino es recrear una tecnología del movimiento que reconocemos como el cuerpo mochilero. Es cierto, y no podemos cansarnos de repetirlo, que en el discurso del Camino hay mucho de las ideas que inspiran el andar: el encuentro con la naturaleza, el pensamiento propio y el extrañamiento... pero es quizás porque se trata de un viaje en forma de itinerario cerrado y mercantil por lo que el proceso es de otro tipo. La mochila quizás sea la clave, ya que al final es un lastre de una tecnología muy alejada de los problemas creados en el caminar, en el encuentro con el otro que hay dentro de cada paseante.

Lo que hace tan interesante a la mochila es, consecuentemente, que partimos de un objeto que tiende a ser parte de un discurso muy tecnológico, contemporáneo y capitalista. Al contrario que otras formas de transporte y equipaje —que aprovechan la idea de cargar por medio de unas correas, cinchas o arneses con los hombros—, o de tener la movilidad frontal que permite cargar algo a la espalda —como son los zurrones o bolsos de viaje en la espalda—, la mochila es un objeto de diseño que se significa en la medida que cumple una función alejada de los criterios de la estética y donde la forma o los materiales empleados, así como su ideación y fabricación, centran el objeto. Como muchos de los objetos que vienen y van en esta idea moderna de la acampada, de lo montañero, de la agilidad, la funcionalidad y practicidad, se imponen a cualquier elemento de belleza, y no quiere decir que no respondan a una elegancia razonada, simplemente es que no están dentro de los significantes de la estética. Quizás por ello son tan significativos los colores con los que se tintan las telas y materiales, y que responden a una visualización de la tecnología, no a una paleta poética del objeto. Como herramienta, consecuentemente, pierde su posible mitificación en función de una constante acción ritual, la de ser acarreada. No importa qué metamos en ella, eso es secundario; organizar una mochila es una tarea imposible, por eso quizás es un objeto que se tiene que pensar desde fuera, cuyo orden es una esquizofrenia, ya que remite a un mundo interior ajeno a todo lo exterior, y cuya lógica es única y consecuentemente incomprensible (Giucci, 2000).

Y de aquí arranca su diferencia radical con la maleta, hija del patético baúl viajero, la imposibilidad de esconder algo en su interior a futuro. La mochila como herramienta no permite que le guardemos en su interior cosas que quedaran olvidadas en el fondo del desván. La maleta es un objeto que proporciona identidad al que se desplaza por obligación, la maleta define al emigrante, de la misma manera que la mochila no lo hace con su portador, con el que sólo cabe la idea de unificarse, de fundirse. Sería difícil imaginar, ni remotamente, a Juvenal Urbino, el *co-adyudante* de *El amor en los tiempos de cólera*, guardando en el desván una mochila llena de los libros de la medicina romántica que encontraba en su afán de renovarse a los gustos de los nuevos tiempos afrancesados. La mochila es útil, no bella, es práctica, no poética. Como herramienta para el Camino, ahora el de Santiago, pero es seguro que en todos los caminos que lo han sido, responde a la practicidad de servir como elemento diferenciador a muchos niveles de la manera en quién, cómo y cuándo se recorre. Pero todo lo que diferencia es tan visible, tan público, que deja de ser importante. Nadie le da importancia a la mochila en el camino de Santiago, sino al esquizoide orden que mantiene con las cosas mínimas que nos sujetan a la supervivencia. Como se puede ver en todos esos peregrinos que contratan el servicio de alguna empresa que lleva su mochila hasta el siguiente hito —haciendo válida la fórmula de que el camino es hoy un nicho empresarial de primer orden—, pasan a ser definitivamente cuerpos mochileros que ya sólo cargan con las urgencias de hacer el Camino sin mayor sufrimiento que el de su propio itinerario.

De hecho, hay toda una subjetividad sobre la mochila en el Camino: la queja de que pesa, de que se hace un objeto que siendo imprescindible termina por cansar y hacerse odioso, que nunca es lo suficientemente tecnológico y diseñado, que tendría que estar a la altura del reto impuesto... Porque la mochila es parte del esfuerzo y, en cualquier caso, si no el *esfuerzo* mismo sí su más claro evocador, como tal, el símbolo perfecto del Camino como una tarea que impone una dinámica de cansancio y dolor. La mochila es, desde estas subjetividades, la carga definitiva, aquello que hace que el Camino sea largo y duro, esforzado y complejo, aquello que nos impone una realidad alejada del bucólico esfuerzo de pasear. El cuerpo mochilero crea subjetividades que plantean el dolor de recorrer el Camino, de dormir en las habitaciones compartidas, de los pies hinchados y doloridos, pero sobre todo de cargar con la mochila como una nueva forma de regocijo del cuerpo. Este cuerpo sufriente ya no es un cuerpo soporte, sino un cuerpo en el que el sufrimiento crea una dinámica de obligación en la felicidad. Cuerpos mochileros que sufren para ser felices, ahí radica la realidad de los seres *poshumanos*, de los sujetos de este capitalismo global.

La mochila, así, ya no es un objeto, un simple objeto, un bagaje, sino una identidad que define un cuerpo, el cuerpo mochilero, haciéndose un dispositivo que define la acción performativa que a modo de espejo da identidad a los sujetos. Pero la mochila, dispositivo disciplinador del poder del Camino, empodera a los con ella se atreven, un empoderamiento que metamorfosea a sus usuarios a su imagen y semejanza. Podríamos decir que la mochila como dispositivo del Camino se acopla a un cuerpo que es ergonómico a su funcionalidad. Obvio, como todos los objetos tecnológicos postcapitalistas, es el cuerpo humano quien se acopla a ellos, frente a los objetos precapitalistas, claramente adaptados a un cuerpo que se consideraba inamovible, indeformable y funcional. Lo ergonómico no es adaptar el objeto al cuerpo humano, sino fundir el cuerpo en un objeto, haciéndose más eficiente el binomio para el trabajo, para la tarea, para el capital. La mochila, ya sujeta a ese cuerpo adaptado a su función, termina por modular el resto de la corporalidad en una ideología, una política de la movilidad.

La mochila como lastre

El cuerpo mochilero que menos mochilas ha llevado en la historia contemporánea ha sido el del personaje de Tin Tin. Quizás porque su mochila física, real, sigue siendo montañera, excursionista, y aparece muy de vez en cuando; sin embargo, con la que viaja es más verdadera, se trata de la de su *coadyudante*, su perro Milú, y su *alter ego*, el capitán Haddock. Porque el cuerpo mochilero es un cuerpo tecnológico, una compleja red de dispositivos y relés que funcionan como una enorme creación del deseo. Podemos decir que la mochila es una tecnología del bagaje, del equipaje en su representación funcional, pero también de la corporalidad como maquinaria. Es por ello que lejos de las miradas contemporáneas planteadas por Tin Tin, la mochila actual es un enorme lastre que funcionaliza una sociedad, que hace de la movilidad, el traslado contante en la ausencia de experiencia. La mochila vital es inamovible de la corporalidad actual, porque la principal mochila no es la que se puede cargar, sino esa otra que hemos adherido a los sujetos: el cuerpo como carga vital.

La mochila se ha convertido en una mecánica para el transporte, y la encontramos en todos los sitios como elementos de la ideología funcional capitalista: las botellas de los buceadores y las mochilas para transportar a los conquistadores del siglo XVII, que tan bien retratara Guamán Poma de Ayala, o las culturas que llevan a los niños a la espalda, o el Asia industrial donde ejércitos de hombres llevan cargas imposibles de aquí para allá, pero también las cargas de esos negros de las películas de Tarzán o el traficante de indios Rodrigo Mendoza, que interpreta Robert de Niro, de la *Misión*, que lleva sus pertrechos de conquistador a la espalda, como metáfora de la vida de pecado que desea expiar o las mochilas llenas de explosivos, con las que la prensa occidental asocia a los nuevos terroristas globales, y que son el símbolo perfecto de la movilidad e impunidad de los nuevos *ejes del mal*. Y, por encima de todo, esas mochilas de hoy que usa el ejército y que se ven recreadas en el desarrollo de los exoesqueletos. En efecto, la mochila es una práctica de transporte en la disciplina y también un objeto para conformar las ideas de las clases sociales, de las fronteras y de sus símbolos (centrado en el doble paradigma de la movilidad y las formas de transportarse véase Gaggiotti, 2011. Shamir, 2005. Salazar, 2011). Así es, frente al cuerpo mochilero del viajero del Camino de Santiago, de los jóvenes norteamericanos recorriendo Chile con sus *Backpacks* (descrito en Martín-Cabello, 2014), está el cuerpo colonial y el cuerpo disciplinado, lastres de un mundo muy alejado de la *libertad*.

La tecnología corporal de la mochila, la del cuerpo mochilero por antonomasia de esos jóvenes que recorren el mundo en su idea de viajes en independencia, aunque no en libertad, es sustituido hoy en las miradas capitalistas, por la del militar que con su macuto a la espalda vive recorriendo el mundo en busca permanente de espacios en los que imponer su paz. Este nuevo, y a la vez tradicional, cuerpo mochilero-militar, que vaga sobre su mochila o regresa en ella, es un sujeto disciplinado en la idea de las tecnologías del cuerpo como dispositivo. Esta imagen tiene su correlato en el mundo civil en esos esforzados niños de todo el planeta que llevan sus mochilas por las calles desde sus hogares a sus colegios, lo que los convierte en disciplinados cuerpos del bagaje cultural, que a falta de otra ideología de control es la forma más atroz de esclavismo en que vive la humanidad desde que la escuela fuera creada en el siglo XVIII, ya que no sólo les obligamos a socializarse en nuestra lengua, con nuestros dioses y en nuestras costumbres, sino que les exigimos llevarlas a cuestas hasta el momento en que creemos afirmativamente que sus cuerpos se han deformado y plegado a la mochila que durante tanto tiempo les ha servido como horma.

Estos cuerpos mochileros, que sirven a un ideal disciplinario, a la vez que a un grupo que plantea una cierta idea de libertad, se ven restringidos al mismo tiempo por un contexto que impone que la mochila sea un limitante social, no sólo porque niega la idea del viaje como un lujo, sino porque no permite el viaje como abandono. De hecho, recrean una idea del camino en función de una terapéutica (Comelles, 1984). De ahí, primero, que el cuerpo mochilero no sea un sujeto que experimente el paseo, ya que la mochila le limita en cuanto que le transforma. Y, segundo, la mochila en su funcionalidad restringe la poética de llevar más equipaje que el realmente necesario. El cuerpo mochilero, en su limitación funcional, sólo puede seguir el itinerario marcado para su actividad; de hecho, el mochilero, en cuanto cuerpo viajante, no conectará nunca con los nativos por donde pasa, acaso con algún anfitrión que le abra ligeramente las puertas de un pintoresco rincón creado ex proceso para él y su mochila.

Pero esta disciplina de la mochila crea un *corpus,* ya vimos que, por un lado, de carácter biologicista, al imponer una adaptación del cuerpo al objeto, transformándolo en su forma y contenido, resignificándose como un cuerpo en uso; por otro, es una transformación ideológica, y por último impone una política. Este corpus político significa y recrea al sujeto en un cuerpo mochilero, primero, porque atañe a la disciplina del itinerario, con las implacables leyes asociadas al *régimen de movilidad,* y, segundo, lo hace por medio de una razón jurídica que impone la idea de un desarrollo permanente, así como avanzar como única posibilidad. Al final, si la mochila es un dispositivo, sólo puede funcionar dentro de dispositivos mayores, una mochila está hecha para ser cargada en el dispositivo del viaje mochilero, del viaje en el encuentro con la ideología capitalista *multimercado.* En última instancia, es ingenuo creer que porque se viaja con una mochila se es menos consumista, o más libre, que el que lo hace con la familia cargando su coche con sombrillas de playa y neveras portátil para la cerveza. La razón disciplinaria del cuerpo mochilero no reside en que se puede hacer lo que se quiera siempre que sea dentro de la lógica del itinerario (capitalista) mochilero.

El cuerpo mochilero es público, es de todos los viajes el más visible, el más controlable y el más anunciado. De hecho, está expresamente hecho para que se vea: al viajar con la mochila a cuestas, o en su defecto con un cuerpo abducido por una mochila, formando un único objeto subjetivizante, sólo puede ser entendido en su propia definición, y la mochila imprime el carácter que denota el estar imbuido del discurso del capitalismo que consume espacio, pero que lo hace como parte del propio espectáculo que crea. El cuerpo mochilero es en el corpus político un objeto performativo, es actor del atrezo que él mismo crea. Su mochila configura un tipo de viaje que transforma el camino para ser recorrido sólo, exclusivamente, con mochila. Hoy en día no es tan fácil de ver porque gran parte de los viajes mochileros se hacen por sujetos a los que no se les ve la mochila como un objeto exento, y no porque no la tengan, sino porque son claramente una única cosa. Si observamos el origen de algunos célebres cuerpos mochileros, como aquellos que recorren las cumbres más altas del planeta, su itinerario, pongamos que las rutas para subir a las cumbres del K2 o el Everest, están marcados por la capacidad de la mochila, que es la que termina por establecer cuál es el camino y las posibilidades de este, en un juego simbiótico, pero también homeostático, entre el camino como constructo de posibilidad y el camino como realidad única con la mochila. Pero no es simplemente una performatividad de unificación de corporalidades e itinerarios, es una biopolítica ya que ni todo el mundo puede transformarse en cuerpo mochilero, ni se le permite cualquier cosa a los que cumplen con el cliché. Y es este grupo de normas el que hace que el cuerpo rebaje sus valores de libertad y agilidad en función de un discurso de la movilidad total.

Nos quedaría hablar, por último, de la mochila como un elemento que sirve, también, de soporte identitario de algún sistema sexo-genérico. Aunque más bien de cómo es el conformador de cuerpos transformados en ideologías de géneros. Sin embargo, el discurso de los cuerpos mochileros se centra en establecer, en su versión adulta y clasista, siempre heteronormativa y patriarcal, la misma idea con el objeto de la caravana, el camping o la roulotte que, con la casa a cuestas, establecen el criterio de la movilidad absoluta y la no sujeción a nada porque nadan necesitan. En cierta medida, se trata de un discurso que el capitalismo ya había utilizado en diferentes versiones durante la etapa del colonialismo, momento clave para observar la creación de las políticas viajeras y, sobre todo, en lo que ocurre en ciertas partes del mundo como un sobre-desarrollo. En efecto, en la Europa central, algunas partes de Estados Unidos y Canadá, el capitalismo avanzado había establecido que llegado un momento dado se podía permitir que los individuos, favorecido por el enorme desarrollo de la individualidad y el absoluto control del riesgo, pudiesen llegar a vidas, digamos, de bajo consumo pero de gran impacto consumista, ya que el gasto del Estado es tan exagerado que se pueden permitir el lujo de contener ciudadanos que tuviesen poco, cambiando calidad por cantidad. En este contexto la mochila es una suerte de metáfora religiosa de los mínimos, un ascetismo, sobriedad y mesura en el bagaje. La mochila como una suerte de transformación de la cruz cristiana, un símbolo análogo de la liberación carnal a través del sufrimiento. Una religión en que la creencia es que la libertad se consigue en función de que se carga con lo imprescindible y en la aplicación de que en el itinerario está todo. Y si la mochila servía de metáfora de lo que cargamos en nuestras vidas —como el objeto que nos permite recoger aquellos valores, ideas y sentimientos que nos definirán el resto de nuestros días—, la mochila/cruz del cuerpo mochilero es aquella que establece una política de los mínimos para poder construir la movilidad en y para sujetos con una exagerada individualidad postcapitalista.

En este sentido, la metanarrativa del cuerpo mochilero no plantea tanto un ejercicio de libertad, aunque sea una parte del discurso, sino del enfrentamiento con uno mismo, una subjetividad que expresa el mundo como si los sujetos se extraviasen en la realidad urbana actual y pudiesen, por medio de la iniciación ritual de acarrear una mochila, encontrar lo que creen que son. En novelas como *Terapia*, de David Lodge, o *Bueno me largo*, de Hape Kerkeling (estas hacen referencia al Camino de Santiago, aunque seguro encontraremos otras en otros itinerarios mochileros), se habla de un proceso de transformación personal en función del caminar, una suerte de moderna ritualidad que permite, por medio de los viejos valores del esfuerzo, el dolor y el ascetismo recuperar parte de lo perdido en lo mundos contemporáneos. Así, el Camino se convierte en este sentido, por ser el reverso negativo de los mundos urbanos postcapitalistas, en un espacio terapéutico. Pasa con otros itinerarios, como El Rocío, esa otra gran fiesta de la identidad consumista andaluza, no tan global como el Camino, pero igualmente significativa del ritual del capitalismo individual (Martínez-Moreno, 1997). En todos estos itinerarios los sujetos se convierten en unos *otros* que les sirven de modelo de existencias que no les corresponden, un simulacro de vida que se entiende como un potente y significativo transformador de la subjetividad, pero que no pasa de ser un espejismo del desarrollo capitalista que impone la individualidad como único espacio del destino social. Nadie duda de la transformación personal en el Camino, aunque su validez es nula, simplemente porque el viaje no se hace como transformador de los sueños sociales globales y, consecuentemente, el retorno es siempre a un contexto donde el mercado impone qué se puede o no sentir, un retorno a la fuente de la insatisfacción, el capitalismo como máquina deseante que permite la cura en el Camino, pero no el retorno a la sanidad social.

Y en esto hay una coincidencia histórica: la democracia neoliberal y el capitalismo nacieron para controlar el exceso de gobierno, el *sobregobierno* característico de la sociedad jacobina, de la misma manera que los cuerpos mochileros son una suerte de valor biopolítico. Sobre el cuerpo se aplica un objeto que funde la idea de que ya nada vale sino puede ser cargado por cada sujeto, haciendo coincidir en un único punto existencia, deseo y destino. Seguramente, los cuerpos mochileros conforman una nueva y revisada forma de ver el mundo por los grupos hegemónicos occidentales, una profundización de aquella forma de nueva religión totalitaria que había reconocido Benjamín en el capitalismo. Pero hay algo que no podemos olvidar: que sólo en el andar se hace pensamiento, el encuentro del sujeto crítico con la subjetividad y con la experiencia, y que a su vez todas ellas se desarrollan en el paseo pausado, en el reconocimiento de la senda y en la mirada lejana sobre el paisaje natural. Han sido Rimbaud, Thoreau, Machado o Solnit, los pensadores y poetas de la modernidad contemporáneas, los que nos han enseñado que al andar encontramos los trozos de nosotros mismos, en forma de piedras y memoria, y que sirven como resistencia nostálgica a un mundo de acelerado movimiento; por eso los mochileros nos siguen pareciendo una simpática figura del mundo viajero: se tornan por un momento en lentos soñadores. Pero si este amable cuerpo mochilero conforma un equipaje de valores y experiencias, de ideas y clichés, de corpus y normas, habría que apostar, por lo contrario, por la *disidencia* que diría Nietzsche —acaso Artaud—: viajar ligero de equipaje para olvidarse de todo, hacer del paseo algo inútil, improductivo, estéril, que sólo y exclusivamente sirva para vivir, sintiendo la inevitable confusión del lento devenir del pensamiento y el paisaje.

Paseo

> «El caso es que me afectan las cotidianas tristezas,
> la de los supermercados, la del metro y las aceras,
> también las que me quedan lejos,
> las de los secos desiertos, las de las verdes selvas»
> Ismael Serrano, *Ya quisiera yo*.

Desde dónde miro

Aquí me moveré en dos territorios a la vez. Uno, inductivamente, será el de la autoetnografía, una metodología que trata de acercar las posiciones del antropólogo durante el trabajo de campo y sus vivencias (Benard, 2019. Charmaz y Mitchell, 1997. Coffey, 1999. Ellis, 1999. Gómez, 2022. Sparkes, 2001, 2002b). Parto de la base de que un antropólogo es primero un observador que hace patente su realidad en la escritura, tanto en la de sus cuadernos de campo, cuanto más en sus presentaciones. De esta manera, se toma la escritura como elemento de ficción, en donde los diferentes niveles de acercamiento, empatía, observación y propuesta de escritura dan como resultado un entendimiento de la realidad en el antropólogo. La autoetnografía se sitúa entre los momentos de la reflexividad de la antropología, aunque obviamente no está reñida con los ejemplos clásicos que el trabajo de campo proporciona, ni, mucho menos, con elementos paralelos como la *dialogía* o el punto de vista de los nativos. En última instancia, la autoetnografía tiene mucho de lo que la antropología siempre ha pretendido: un acercamiento y comprensión del otro, pero también de sí misma. De hecho, la autoetnografía es un ejercicio permanente una vez superada la etnografía que sólo difiere de ésta en que pone el acento en la mirada hecha ficción del antropólogo al presentar sus datos de campo. Esta ficción no sólo tiene niveles, sino que, además, es entendida en la medida en que recrea la *reflexividad* sobre cómo se elige una forma concreta de paráfrasis lingüística a la hora de hacer la interpretación cultural de los otros (Sparkes, 2002b: 5- 8). Este sentido ya había sido abordado antes en otras disciplinas, como la crítica literaria, que partía de los textos como documentos ficcionados, autobiográficos y contextualizadores de lo social. Era evidente que la antropología, presentada como una forma de hacer escritura, de analizar, deconstruir, crear y recrear textos, no había de tardar en llegar a estos derroteros. Además, estaba claro que estos ejercicios podían ser más realistas que tomar el propio trabajo de campo como una experiencia, o, como propone Rabinow, una suerte de experimentación. No sólo es tomar en consideración el sesgo del antropólogo, es, sobre todo, reflexionar profundamente la etnografía que uno mismo hace, toma y observa.

La segunda parte de mi recorrido es una exploración por el territorio de una manera deductiva. A la manera más descriptiva posible, se visita —más bien, se pasea— la ciudad de México. Mi interés, en este sentido, es el descubrimiento de los posibles itinerarios de la ciudad. Se ha dicho ya tanto de esta ciudad que casi cualquier acercamiento es provisional y poco original (se entenderá, por lo tanto, lo limitado de la bibliografía específica en este trabajo). Consecuentemente, me centraré en seguir mi diario de campo en la búsqueda de los recorridos que he ido realizando, en qué medida es abordable la ciudad, cómo nos enfrentamos los etnólogos y/o antropólogos a lo que sabemos, a lo que queremos conocer, cómo impacta en nosotros la información que en forma de tópicos hemos ido recibiendo. En última instancia, es verdad que tendríamos que contestar qué es la ciudad, aunque a lo más que llegaremos es a algunos porqués. Por igual, de alguna manera, sería interesante aspirar a conocer a aquellos que la habitan, a esos otros diferentes, y, a lo más, a mostrar algunas parado-jas, algunas cosas que llaman más la atención y que, por chocantes, pueden resultar más descriptivas.

Totalizar es un intento que queda lejos, más si nos planteamos una ciudad como México (hoy por hoy el intento más serio, aunque siempre provisio-nal y parcial, es la compilación de García Canclini, 1998). Muy por el contrario, el actual debate sobre esta ciudad se centra en ciertas miradas que, como no podía ser de otra manera, están muy alejadas de mis intereses y tienen que ver, primero, con su ejer-cicio racional funcional, la política y los servicios al ciudadano (Gordon, 1998), y, por otro lado, con la idea de ciudad globalizada (Marcuse y Kempen, 2000. Parnreiter, 2001. Tamayo, 1999, 2001), lo que además parece ser uno de los puntos fuertes de la agenda de cierta antropología en los próximos años. Ante todo ello mantengo un cierto tono de escepticismo, simplemente porque el debate de los sentimientos, obviado en estos trabajos, es demasiado real como para que no se aplique también a esta ciudad.

Quiero dejar claro que este trabajo es una aproximación a algunas experiencias sobre el terreno, del paseo, y que se basan en lo que quedó reflejado en un cuaderno de campo. Obviamente, todo esto tiene algo de tópico, de ficticio, incluso de cinematográfico (es la toma anecdótica, el montaje sobre el argumento, la presentación en apariencia terminada). Nada más lejos de mi intención. Se trata de esa suerte de experimentalidad en la búsqueda de la ciudad, de cómo la presentamos ante los demás, y de cómo convivimos con ella. La ciudad así es gente, pero también lugares, es movimiento y tecnología. Este trabajo es eso mismo: la experiencia del otro, yo mismo, ante la extrañeza del nosotros. Es un intento de ofrecer a los propios habitantes de la ciudad de México un recorrido por el *otro* —el turista, el antropólogo—, con la sana intención de mostrarnos, de enseñarnos, de intentar salvar la memoria viva de lo que hacemos y de cómo los actores lo significan y le dan validez. Quizás sea egoísta y etnocéntrico intentar mostrar a los demás como les ven los otros, pero también hay un intento de reflexión: qué es la ciudad, cómo hacemos válido lo que vemos, podemos mostrar lo que hemos visto, qué hacemos, qué nos diferencia a los antropólogos de los turistas, de los periodistas o de los documentalistas cuando nos ponemos delante de ese conglomerado humano que es la ciudad.

La Escuela de Chicago lo había expresado en la primera mitad del siglo XX: la ciudad es un territorio de constantes movilidades, no quiere decir que la gente se conozca o que acaso crea en la vida urbana, lo que los sociólogos de Chicago vieron es que la gente se mueve mucho, marcha de un lado para otro sin parar y, en muchos casos, sin una razón aparente. Sobreentendiendo que la ciudad no la conforma su fisonomía arquitectónica, ni únicamente su trazado urbanístico, sino la gente que recorre su espacio (Delgado, 1999). Es esta particular forma de recorrerla, en forma de movimiento constante de anonimato, lo que le confiere su idiosincrasia. La ciudad se conformaría, desde este punto de vista, en una doble perspectiva: como territorio donde interactúan diferentes individuos con un cierto sentido simbólico, que no sólo una funcionalidad, de una esfera política (ideológica) y otra civil —lo que daría lugar a una simbiosis entre ciudadano y consumidor—, y como un territorio *rizomático*, en esa idea de Guattari y/o Deleuze de diversos planos en una red autorreferente, autopoiética y descentralizada: la "aglomeración existencial". La ciudad deja de ser así un lugar geográfico para empezar a ser un espacio de múltiples posibilidades en movimiento, donde los individuos se diluyen en su propia dimensionalidad. Vivir en una ciudad es un intento de habitarla, de apropiarse de sus símbolos y, sobre todo, de su territorio, de una afirmación de la capacidad de moverse. Este movimiento le confiere una cierta idea de caos, que no es más que un constante acoplamiento entre la ceremonia y el ritual, entre las diferentes posibilidades que ofrece la red. Los poderes públicos intentan urbanizar la ciudad, esa es su misión: la imposición de un orden; la de los ciudadanos es acatar ese orden o buscar nuevas maneras de mirarlo, de pensar *nuevos* órdenes (Signorelli, 1999). De la tensión entre ambos puntos nace la ciudad tendente al orden absoluto, eso que denominan 'la visión urbanística'. Es quizás por ello que la ciudad sólo es observable en aquellos puntos oscuros que el orden y el caos están conviviendo a la vez: en sus callejones, en los muros llenos de *graffiti*, en los vendedores de las aceras o en la forma en que se pasea a los perros.

A resultas de esta idea de la ciudad como territorio, donde sus tensiones no sólo son ejercicios caóticos y violentos, sino que también expresan las ideas conformadoras de la modernidad, con todas sus aspiraciones y fracasos, no podemos más que entender ciertos recorridos, una serie de itinerarios dentro de la amalgama de redes superpuestas, el *rhizoma*. La ciudad es necesariamente la conformación de la idea de constante movimiento, de constante cambio, donde es prácticamente imposible ocupar un mismo sitio, tener una misma identidad, en toda su conformación. O, quizás, esa sea su clave, la falta de una única identidad y la conformación de múltiples identidades, en constante movimiento, en variados planos a la vez. La ciudad deja de ser reunión (urbanización) para empezar a ser soporte de la red, para ser la red misma (Castells,

1995). Los individuos dejan de tener una identidad única porque la ciudad conforma un territorio público, plenamente público, donde la privacidad y la intimidad están diluidas sobre el ejercicio del movimiento; un movimiento público en la medida en que el decorado urbanístico convierte a la ciudad en el atrezo de una obra teatral, donde la gente recorre su territorio como espectadores y, a la vez, como actores. La ciudad es el marco del espectáculo contemporáneo, un teatro, donde es prácticamente imposible zafarse de la mirada, de ser observado, pero también de mirar y observar a los demás: el ojo que se ha de mirar. La ciudad hace *público* lo íntimo, obliga a los individuos a referencializarse, a decirse algo entre sí, para automáticamente diluirlo en el territorio de lo *público*, de lo anónimo y de lo teatral.

Se puede decir que se ha ido a tal o cual ciudad y se ha visto, o acaso sólo se ha visto, el decorado. Se puede decir que se puede ver una ciudad si sólo es un soporte de lo público. Es más, se puede ir ex proceso a una ciudad a pasear por sus calles cuando los itinerarios son casi infinitos y uno se relaciona con los demás en la medida que es un espectador al que todos miran. El turista, el extranjero y el otro, son, en cualquier ciudad, un *ciudadano* más de esa ciudad —especialmente, si entendemos que existe una relación directa entre ciudadano y consumidor—. No hay ciudad sin otros recorriéndola. Pero tampoco hay ciudad sin recorrido para los otros y para los nuestros. Lo importante, seguramente, es que haya movimiento, que sea público, en forma de redes superpuestas y que se asuma el papel anónimo de observador-observado. Si la ciudad es esta red pública y teatral, a la manera de Goffman, su tendencia no puede ser más que la de la transparencia, como un cuarzo: una forma reconocible en un haz tendente al caos, en elementos compactos y transparentes, que se arremolinan entre sí formando un fractal.

El metro de CDMX

A diferencia de otras ciudades del mundo, la Ciudad de México (CDMX) ha terminado por fagocitar su aeropuerto, que está, al día de hoy, en la mitad de la ciudad, incluso muy cerca del llamado casco histórico. Este detalle es importante para el visitante. Es verdad que en otras ciudades del mundo el acercamiento por aire a la ciudad permite visualizarla. En Buenos Aires, el viejo Aeroparque está en el centro, pegado al Plata, pero sólo lo utilizan los vuelos interiores, aquellos que reconocen la ciudad. Cualquiera de los aeropuertos de la ciudad de París obliga a reconocer la ciudad y uno, sin quererlo, ve París, aunque más bien lo que ve son sus elementos reconocibles: el Sena, el Panteón, la Torre Eiffel y, sobre todo, Sacre Coeur. No es que se vea algo que sea una ciudad, sino más se bien reconoce el entramado urbano en una suerte de postales de edificios y accidentes geográficos. Algo parecido pasa con algunos aeropuertos, La Guardia (Nueva York), por ejemplo, que permiten identificar la Gran Manzana, que no la ciudad en sí misma. En casi todos los casos, los aeropuertos están alejados de las ciudades y sólo los polígonos industriales que los rodean dan una idea de urbanización. Pero el de CDMX, no.

La ruta de aproximación de los aviones al aeropuerto lleva a éste lentamente sobre la ciudad y durante un buen rato se sobrevuela la ciudad a escasa altura dando una perspectiva de que la ciudad se pierde hasta el horizonte, sensación que se ve agigantada por la polución que, generalmente, rodea y perfila toda la ciudad (una reflexión parecida se encuentra en Feixa, 2002: 111). Es importante resaltar el dato de que esto pasa a la llegada a la ciudad, cuando el avión parece por un minuto un lugar privilegiado para mirar la urbe, que en realidad no permite casi reconocer nada y se muestra como la megápolis que es —aunque yo no esté demasiado de acuerdo con el término, por geográfico, psicológico y obvio—. Es verdad que, en líneas generales, esto también ocurre con los aeropuertos californianos, pero la diferencia es que en estos la ruta de aproximación no se hace de forma tan exagerada sobre la ciudad y, como ocurre en Los Ángeles o en Irvine, la idea de ciudad tiende a ser más la de estar sobre una serie de pueblos interconectados que la de ver una ciudad. Claro que son sensaciones desde la estrecha mirada de la ventanilla de un avión, porque esa idea de ciudad de cuarzo, *rhizomática* y tensionada es, obviamente, Los Ángeles, por encima de cualquier otra consideración (Davis,1992).

En el caso de CDMX la sensación, además, da paso a su realidad: una ciudad con más de 20 millones de personas —hay demógrafos que dicen que ya son 30 millones, en cualquier caso, un número más—, donde las estadísticas son obviamente tan escandalosas que se convierten en lugares comunes. En una ciudad de estas proporciones todo es posible, incluso, a veces, medir sus cosas. Si coincidimos en que las dos tendencias básicas que estructuran cualquier la ciudad son su enorme potencial de violencia y su desmesurada capacidad para recrear procesos culturales, estamos ante una nueva forma de ver la ciudad, ya que esta deja de ser un espacio para tomar la idea de que es un territorio para la interacción. En este sentido, lo importante ya no es ver cómo se organiza en función de determinados espacios interrelacionados, sino más bien como 'lugares', es decir, sitios donde ocurren cosas. Quizás por ello la calle toma una fuerza especial, porque en ella se dan gran parte de esas vivencias, porque de ellas la ciudad toma su personalidad. En una ciudad como la de México la calle es un elemento central, ocurren cosas continuamente y sus habitantes lo toman en varios sentidos, donde la movilidad, el intercambio y el encuentro son una constante. Pero la ciudad es de manera simbólica, también, una recreadora de imágenes, de lugares comunes, de tópicos, si se quiere, que refuerzan la personalidad de dicho lugar. Como antes expresaba, el aparato simbólico está relacionado, por un lado, con la violencia y, por otro, con la gestión cultural. Ambos aspectos están presentes en la ciudad de México: cientos de museos, exposiciones, obras de teatro y diferentes actividades lúdicas se dan la mano con una violencia a flor de piel, donde es casi imposible vivir en la ciudad sin tener presente el alarmante número de atracos, violaciones y muertes que se dan en todos sus rincones. Nuestra última intención tendría que ser observar que el potencial violento de cualquier ciudad, como puede ocurrir en CDMX, es la cara oculta de una realidad de constantes interacciones, estrategias por el dominio del espacio y situaciones de asimilación y marginación social (véase Giglia, 1998: 153-154).

Me contaba uno de mis informantes que él acudía al cine con un cierto temor, pues ya le habían atracado dos veces. En efecto, ir al cine tiene un riesgo, en la medida que este acto es observado como un sentimiento de inseguridad, lo que no tiene porqué corresponder con la realidad, sino más bien con un 'estado de cosas' promovido por una cierta naturaleza del prejuicio y la visión negativa que dan constantemente los medios de comunicación. En efecto, salir a la calle es significativo, se sale para hacer cosas, muchas de ellas relacionadas con tareas más o menos cotidianas (trabajar o ir de compras), pero también para aprovechar lo que una ciudad tiene: oferta cultural. De hecho, son los propios ciudadanos de Ciudad de México quienes más orgullosos se encuentran de la variedad, cantidad y calidad de su oferta cultural. Pero, obviamente, hay que salir a la calle, donde, a su vez, se encuentra esa imagen de ciudad violenta y peligrosa. Ambos aspectos van parejos, no se puede ir al cine o a un museo, cualquiera que este sea, sin que exista la enorme posibilidad estadística de que te atraquen y/o te roben. Pero, a su vez, te atracan y roban porque vas a museos. Estos aspectos, y otros que se dan la mano, tensionan la vida interior de la ciudad, dándole una vitalidad fuera de lo común. Pero también hay que reconocer que todo ello tiene lugar en un territorio donde la convivencia se da de forma multicultural y rizomática, lo que establece que gran parte de las cosas se muestran de forma tipificada, en el mejor de los casos, y, normalmente, las interacciones, encuentros y miradas forman parte de un enorme mar de tópicos, que si bien ayudan a situarse ante los posibles escenarios, que se suceden de forma continua, también hacen de la vida cotidiana un mundo muy pequeño de certezas nunca demostradas, ni vividas.

Ciudad de México ha cambiado en los últimos treinta años de forma radical. De ser una gran ciudad ha terminado por convertirse en la megápolis que es hoy. Pero esto es significativo en otro aspecto: el cambio de una ciudad explicable según la idea de centro-periferia a, por un lado, lo que llaman la 'nueva centralidad' y, por otro, al establecimiento de una ciudad red (Delgado, 1994. Nieto, 235-277. Nieto y Nivón1993: 67-77. Nivón, 1998: 215-217). Como pone de relieve Oscar Terrazas (2000) en un estudio de los datos referidos a ciertas actividades urbanas: el uso y los precios del suelo, el mercado inmobiliario, la localización de las instituciones financieras, económicas y culturales, y el tráfico rodado, determina que, desde los años ochenta, el sistema urbano de México ya no está determinado por el centro histórico, el centro financiero y un crecimiento periférico radial, sino que se ha desarrollado una nueva centralidad. Esta se ha realizado a partir de los ejes de *metropolización*, que llevan las actividades centrales desde el centro hasta diversos puntos de la periferia. Se puede identificar, consecuentemente, una forma bidimensional compuesta de ejes, que constituye una amplia red, con diversas jerarquías territoriales y funcionales (en la medida que tienen 'sentido'), que a su vez se articulan con centros comerciales y nodos de servicios. En CDMX estos lugares son el Paseo de la Reforma, la Colonia Polanco, el polígono industrial de Santa Fe y el nodo Insurgentes Sur/Periférico Sur. Estos espacios muestran diferentes funciones estructurales y globales de Ciudad de México (Parnreiter, 1998: 28). Evidentemente, como deja patente cualquier paseo por la ciudad, el centro histórico todavía es un espacio de servicios administrativos, incluso importante para el comercio ambulante. Pero lo importante es que todo ello ha reducido su importancia en la 'nueva centralidad', que cada vez más se entiende en la medida que es un territorio de movilidades constantes. De hecho, como ponen de relieve Tamayo y Wildner (2002), el centro histórico, a su manera, conserva la función simbólica de la identidad de los mexicanos —no podemos olvidar que fue aquí donde se desarrolla la vida de la familia Sánchez, con todo lo que esto pueda significar para la antropología—. Pero esta identidad es una reconstrucción bastante parcial de lo que representan los poderes mexicanos: un cierto grado de inmovilismo frente al ejercicio ciudadano, de constante movimiento, de entender la ciudad como un territorio por el que se mueven. Esto ha significado que las tensiones entre poderes públicos y ciudadanos por el uso y disfrute del espacio del centro histórico sean constantes (Monnet, 1995. Reyes y Rosas, 1993: 297-319).

Aun así, no sería raro que alguien dudara de que en Ciudad de México existieran varios centros. La idea de que la gente vive en función de centros es demasiado poderosa como para abandonarla (García Canclini, 1989: 15-37). Pero la idea de que en una ciudad como México exista un centro es, a su vez, una enorme fatalidad, aunque sólo sea porque es imposible tener centros en un lugar donde viven más de 20 millones de personas. Muy por el contrario, los habitantes de la ciudad tienden a entenderse de múltiples maneras en un constante ejercicio de movimiento. No es nada raro, por ejemplo, ver a la gente comiendo por la calle, en el metro o en el colectivo. El acto de comer deja de tener asociado un espacio para imponerse sobre el tiempo. Se gana tiempo si se aprovechan los espacios intermedios entre un lugar y otro, en los recorridos. La ciudad se plantea de esta manera como un lugar que se mide en tiempo. Ciudad de México, como otras muchas megápolis del planeta, se mide en función del tiempo, el cual es necesariamente una parte de la movilidad (Ward, 1991). La gente no sólo se mueve en función de un espacio, lo hace, sobre todo, dando significado al tiempo. Para muchas familias ir al parque de Chapultepec los sábados por la tarde no se hace en función del recorrido a realizar, la mayoría de las veces unas distancias que echarían para atrás al más pintado, sino en función del tiempo que ocupa el ir de un sitio a otro. Una ciudad así no puede ser entendida más que como una suerte de muelle, donde las distancias, los lugares, se alargan y encogen según la velocidad a la que podamos ir. Pero, además, este muelle se alarga o encoge según una percepción que tiene mucho que ver con el transporte y, consecuentemente, la movilidad establece el verdadero mapa de la ciudad.

La urdimbre de la ciudad de CDMX es verdaderamente el metro, lo que lo convierte en un elemento determinante para la vida ciudadana, ya que dependen de él para desplazarse de un lugar a otro. Pero la ciudad no es su metro. Este es —a la vez que una ciudad por sí mismo e incluso una copia distorsionada de lo que arriba ocurre— un recreador de la verdadera red que hay sobre él, el intercomunicador de la auténtica movilidad que es la ciudad. El metro es, acaso, una enorme excusa o, como ya estableciera Marc Augé (1987) para el metro de París, un evocador que, por medio de su capacidad de recrear imágenes infinitas, nos permite zambullirnos en lo que una sociedad piensa de sí misma, o, acaso, nos quiere mostrar. Pero, probablemente, el metro da la idea de una tercera dimensión de la ciudad de México: la dimensionalidad del espacio. Primero, porque éste es el soporte de mucha de la movilidad de la ciudad. Segundo, porque el metro reagrupa a los individuos en torno a una misma actividad y un mismo espacio, en última instancia hablamos de una sociedad que tiene muy pocos espacios para el encuentro inter-clases y, mucho menos, para determinar quién es quién. En la ciudad, los edificios son, sobre todo, reconocedores de diferencias, y habitar, trabajar en uno u otro, establece quién es quién, pero en el metro estas diferencias se pierden y los individuos se igualan en una suerte de movilidad ciudadana, casi caótica, del todo frenética. Pero esta supuesta democracia es una de sus falsedades, porque aun así el metro es sólo de unos determinados individuos: una clase media empobrecida que cada día que pasa tiene que desplazarse desde más y más lejos.

Por último, el metro es la constante acumulación, donde el espacio se reduce hasta el momento último, el lugar dejado por alguien es automáticamente ocupado por otra persona. Esta multiplicidad de los elementos a introducir en un espacio, o esperando a ser introducidos, es parte de una constante de la ciudad, que ve este recurso multiplicado en las barriadas con las casas, en las calles con los coches, en las aceras con los peatones, o en los puestos de los mercados. Todo espacio ha de ser inevitablemente ocupado, culturizado, hasta que sólo quede una especie extraña de laberinto por el que moverse, lo que exige unos conocimientos, unas reglas, un ritual, en definitiva, que determina el quién y el cuándo. Pero, además, esta falta aparente de espacio donde moverse tiene una consecuencia directa, nunca cualquier cosa está sola. Ni las cosas, ni las personas, ni las ideas pueden habitar espacios propios, lo que marcaría una clara diferenciación entre centro y periferia, daría unas determinadas funciones al espacio. Muy por el contrario, este espacio es sólo contenedor de diferencias, según momentos, según lugares, a lo más un evocador. Pregunta Carlos Monsiváis (1995: 111-113), para el que el metro de la ciudad de México es su más fiel reflejo, casi clónico: "¿Cómo no ser pluralista si el viaje en el Metro es lección de unidad en la diversidad? ¿Cómo no ser pluralista cuando se mantiene la identidad a empujones y por obra y gracia de los misterios de la demasía?". Pero un espacio así no permite la extrañeza, porque, en última instancia, separarse para verla es ver cómo es ocupado el espacio intermedio. De hecho, los muralistas mexicanos (Siqueiros, Rivera, Orozco) lo han expresado mejor que nadie al acumular sobre un espacio plano figuras que se superponen entre sí hasta ocupar todo el espacio disponible, pero estas figuras son sensibles, en la medida que nosotros como espectadores podemos separarnos de la escena, recrear una distancia, una diferenciación, pero la realidad en la escena es que las figuras no se pueden ver porque no existe la suficiente distancia como para diferenciar las fronteras que las separan. La ciudad de México es una aglomeración en movimiento que, a fuerza de superponerse, ha terminado por cerrar la puerta a lo extraño.

Los rituales del caos

Y ahí estoy yo, un extraño en una ciudad como México. Extraño en su doble acepción, porque, por un lado, soy ante los actores sociales una persona que no pertenece a 'su' mundo y, por otro, porque también para mí las cosas son diferentes. El trabajo del antropólogo, queremos creer, permite una visión privilegiada y así es cuando las estadías son largas y continuadas, cuando somos capaces de terminar por entender las mecánicas sociales. Pero en una ciudad como CDMX esta se torna difícil y compleja, y llegar a una observación profunda y realista es muy difícil y complejo. Es más, el antropólogo fuerino no puede pasar de ser un turista con ciertos principios de complejidad; la ciudad, evidentemente, se resiste a pasar de ser una colección enorme de tópicos. En muchos casos los datos no dejan de ser una colección de anécdotas, que pueden ser muy significativas, pero que no pasan de ser percepciones muy simplistas. Un ejemplo-anécdota-tópico lo representa la clara diferenciación entre la plaza de Coyoacán y la del Zócalo, mientras que en la primera nos encontramos con una multiplicación juvenil, el Zócalo es un lugar donde los turistas y los transeúntes parecen recrear un espacio artificioso y articulado según parámetros ajenos. Podría creerse, consecuentemente, que la verdadera ciudad está en ese espacio juvenilizado y lleno de vida, donde aparentemente la tensión violenta parece estar controlada y localizada, frente al Zócalo: lugar proclive para que el turista pueda ser atracado o donde sus gentes parecen simplemente estar de paso. Pero esta realidad es sólo una percepción. El centro histórico tiene una conformación que aún es lo suficientemente rica como para encontrar los elementos complejos de una ciudad. Quizá se trate de un lugar donde la calle está multiutilizada en función de diferentes parámetros, donde transitar es el más visible, pero no el único. En Coyoacán, mientras, la realidad es más unívoca, más plana, a pesar de sus apariencias.

Es evidente que la mirada del antropólogo no es la del simple turista, ya que se basa en una sospecha que privilegia el mirar frente al ver, el comprender frente al estar. Pero también es diferente por cómo contamos al mundo nuestra relación con el sitio, convirtiendo en real la impresión, intentando transformar una experiencia en algo significativo. Para el antropólogo, como para el turista, es importante reseñar en primera estancia —y a lo Geertz— que se estuvo allí, pero la diferencia más evidente es que se toma lo significativo en función de otros intereses. En última instancia… ¿qué es significativo, o lo suficientemente reseñable de esta enorme ciudad para que de forma resumida pueda contar mi estancia? Los antropólogos sabemos bien que las sociedades muestran ciertos rasgos culturales a los que dan una fuerza superior sobre otros. Encontrar estos elementos no es ni fácil, ni rápido, por lo que en un viaje académico (y el trabajo de campo no deja de ser eso mismo), por largo que sea, no es previsible que se encuentren dichos rasgos. Aun así, hay que decidir qué se cuenta a los demás sobre ese viaje, más a más cuando parte del ejercicio del viaje consiste en el regreso y en contarlo.

Estas preguntas, seguramente cargadas de retórica, son para mí, como antropólogo, determinantes. Aunque la pretensión es contarlo todo de todo (el holismo), explicar incluso el más allá de la realidad, la situación es que uno hace opciones en su trabajo antropológico y termina por mostrar una realidad frente a otras. Además, se debe optar por cómo se cuenta. Todo ello da como resultado un cierto ejercicio de ficción que está determinado fundamentalmente por tres ejes: a qué se ha podido/querido/sabido enfrentar en el ejercicio de participar/observar a/con los otros; para qué se realiza dicha observación, y, por último, quién es nuestro público objetivo/real. Estos tres ejes dan algunas combinaciones diferentes de lo que llamamos ficción, esa forma concreta de creatividad en que representamos retórica, narrativa e interesadamente la realidad. En última instancia, todo esto tiene mucho que ver con la inmersión del etnógrafo en su trabajo de campo y en cómo toma de forma creativa, o no, lo que hace. Por lo tanto, y siguiendo estas ideas, mi intento de autoetnografía está en lo que Krizek (1998: 93) llama «nuestra experiencia de vida». Es decir, que mientras los antropólogos han escrito generalmente atendiendo a los intereses de sus respectivas academias, «siendo la voz conservadora de la ciencia», la autoetnografía es nuestra experiencia de vida cuando escribimos ciencia. Esto, obviamente, supone devoción al trabajo de campo, autoreflexividad y emoción.

Mi pregunta toma un doble significado cuando observamos que la búsqueda de esa realidad que es Ciudad de México no es captable en una 'imagen'. Por alguna razón, antes de que existiera en mí la intención de hacer este trabajo —y cuando la pregunta que me hago sobre qué y cómo contar mi estancia en México era sólo parte de las reflexiones infinitas de ese diario que toma a veces la forma de diario de campo—, ocurrió lo inevitable cuando se habla de esta ciudad. En cierta medida, todo se trata en el arranque del libro de Carlos Monsiváis (1995: 17-18) *Los rituales del caos*. Allí, de forma general, se hace esta misma pregunta pero formulada desde su tono de columnista y desde otro punto de vista: «¿Qué fotos tomaría usted en la ciudad interminable». Claro que su contestación y propuesta es otra que la que hago yo. Él mantiene una obsesión típica de los ciudadanos de esa ciudad: la aglomeración, la masificación, la pérdida de individualidad, la metonimia cultural. Consecuentemente, propone que la ciudad se concentra en esas multitudes aglomeradas que se dan lugar en el metro, en el examen de entrada a la universidad que se realiza en el Estadio Olímpico, en la muchedumbre de las aceras, en la basílica de Guadalupe, o en los embotellamientos eternos que se producen casi en cualquier calle a cualquier hora. Yo no podría estar más de acuerdo, pero, aunque parezca extraño, Carlos Monsiváis termina por caer en la misma idea que otros que se encuentran con esta urbe: la entienden como un espacio geográfico del cual se pueden hacer mapas, de ahí la aglomeración o el reconocimiento de ciertos elementos en la ciudad/arquitectura.

Muy por el contrario, la ciudad en general, y CDMX también, se encuentra en múltiples planos a la vez. La aglomeración es un factor que tiene que ser explicado, pero la ciudad no se encuentra ahí, sino más bien en sus fronteras, en sus planos superpuestos, en sus territorios multi-interpretados, en definitiva, en su enorme porosidad (Amendola, 2000: 102-109). En definitiva, Ciudad de México está en sus intersticios y sólo es posible encontrarlos en la sorpresa de la movilidad que da pasear por sus calles sin un itinerario demasiado marcado. Quizás ha sido Susan Otto quien mejor lo ha expresado cuando reivindica la creación artística y experimental de la ciudad haciéndola líquida, transparente, el lugar donde hemos de ser exploradores y cazadores en fronteras simultáneas:

«La crisis es verdadera. Un laberinto residencial desborda la base de un centro urbano hinchado. Cuerpos en proximidad inmediata. Progreso. Fortificado del ataque enemigo. Desorientación. Laberintos de avenidas embotelladas y de viviendas de recambio. La tecnología se produce con los desechos y la ingeniosidad de la basura. Ideas y manos. La arquitectura del caos. Sin un centro para la referencia, cada punto discreto se entiende solamente en lo referente a otros: intersecciones, fricción, canciones. Los habitantes urbanos no localizan el significado en los mapas de calles y pasan de largo por las trayectorias medidas por el asfalto. La lógica ha estallado para alcanzar puntos infinitos en el momento exacto de la especificidad» (Otto, 2001).

Partiendo de estas ideas, mi propuesta es que habría que abordar la ciudad en la multitud de planos a que da lugar. Así, lo normal es ir a una cosa y descubrir una tercera, sorprenderse con esa misma cosa y ver que es, en realidad, de lo más normal. En este sentido, sin que yo mismo me proponga como imbuido de su cultura, sí he podido reflexionar sobre sus habitantes cuando los observo a través de mi etnografía. Así pues, podemos decir que cuatro eran los planos básicos que me relacionaban con esta ciudad: el primero, el de la residencia, dónde vivo; el segundo, el de mi trabajo académico, dónde, por qué y cómo; el tercero, mi vida con respecto a la oferta cultural, es decir, cómo planifico mi ocio; y, en último lugar, qué realizo como actividad directamente como turista/antropólogo (como persona cargada de historia y de prejuicios, de valores y de sinrazones). Estas dos últimas opciones son aparentemente la misma, pero hay que diferenciar entre aquellos elementos que son parte de la vida de la ciudad y aquellos otros que están únicamente creados para los turistas. Es evidente que en México hay actividades fundadas ex proceso para los turistas, manifestaciones de carácter folklórico, artesanías y productos monumentales que representan el tópico más fácil y simplón de la realidad mexicana. No es mi interés entrar en este tema ahora, pero sí dejar constancia de que la ciudad tiende a tener esos dos planos, el de ser una ciudad que está hecha sólo para la aglomeración de sus gentes y para la compra fácil del turista. Pero lo interesante cuando uno hace trabajo de campo en una ciudad como esta es que no puede, ni debe, desligar ambos planos de la realidad.

La Ciudadela, por ejemplo, parece hecha *ad hoc* para los turistas, pero también se le obliga al turista a pasar por una zona donde sólo existen vendedores que tienen productos y servicios muy localizados en la cultura mexicana contemporánea. Es evidente que se rompe con la idea de turista al incluirlo en un espacio 'normalizado', pero también se le da a la zona una esfera de tener algo de extraordinario. En efecto, durante mi acercamiento a Ciudad de México realizaba actividades que me exigían tomar decisiones sobre mi itinerario y, en última instancia, todas parecían tener en común la gran cantidad de desplazamientos que tenía que hacer, que generalmente tenían lugar en metro, y que todo suponía entrar en conglomerados humanos de más o menos masificación. En cualquier otra situación en que tenía que tomar una decisión mi encuentro con la ciudad era siempre diferente y mis recorridos casi no tenían diferenciaciones entre hacer una cosa y otra, pues la realidad es que la ciudad se revelaba constantemente como un enorme lugar donde falta espacio.

Quizás esta visión de una enorme diferenciación de las vivencias se daba, especialmente, cuando me enfrentaba a la oferta cultural. En este punto, que ocupaba gran parte de mi vida en Ciudad de México, sin duda hay que diferenciar entre aquello que se oferta y aquello a lo que realmente se puede ir. Como ya he dicho antes, la distancia/tiempo no me permitía acudir a muchas cosas que seguramente estaban en mi agenda y/o en la de la ciudad. En este sentido, la ciudad, ante las enormes posibilidades que ofrece, termina por delimitar una serie de zonas/objetos a realizar: la casa de Trotski, la de Frida Kahlo y Diego Rivera, la plaza del Zócalo, el mercado de la Ciudadela, la plaza de las Tres Culturas o el Museo Nacional de Antropología. No es que al visitante se le cierren las puertas de otros lugares, es que simplemente se termina por simplificar con tópicos la ciudad ante las posibilidades que se ofrecen. Pero, además, la ciudad tiende a multiplicarse en otros aspectos: la enorme oferta gastronómica, visitar a los amigos, ir de compras (sobre todo libros), tomar café en algunos lugares 'especiales' o, simplemente, acudir al cine o al teatro.

La ciudad se comporta de alguna manera como uno espera de antemano. La cuestión está en encontrar a sus ciudadanos entre este enorme conglomerado de 'oportunidades', lo que, obviamente, incluye a cientos de personas alrededor, incluso proponer dónde está la ciudad que uno quiere contar a su regreso, más allá de los simples tópicos, que si bien pueden ser poderosos aliados para recorren la ciudad, no son más que ejercicios de traspaso, no de encuentro con la ciudad. Para ello hay que comprender quizás otros elementos: primero, que la ciudad se encuentra en esa misma fascinación por la aglomeración; segundo, en su enorme movilidad, y, tercero, que se trata de un territorio (sin *una única* función, sino con muchos sentidos). Así, pues, los espacios, como medidas, se dislocan en los paseos y en las rutinas del movimiento pasan de ser enormes a ser realmente pequeños. Es un juego ritual donde todo está en relación con todo y, a su vez, nadie parece reconocer a nadie.

Ciudad de México es esa extraña suerte llevada a su experimentalidad. Es la experiencia de vivirla, de llenarla, y puede parecer que sólo es eso, pero también es una encrucijada en la modernidad. La ciudad, vista así, es un excepcional *performance* donde su visualización es un enrarecido *patchwork* realizado de los trozos que dejan las estelas de la gente al ir de un lugar a otro. La ciudad hay que verla en sus intersticios y, en este sentido, parece revelarse en los lugares más cercanos y menos visibles, en aquellos sitios que parece obligatorio pararse por un segundo en el deambular ciudadano: es en los semáforos, en los puestos callejeros, ante los escaparates, ante los gritos de los meseros (camareros) que proclaman las virtudes de su cocina y sus productos o, cómo no, en las prostitutas en busca de su próximo cliente o en el juego del carterista y el policía que esperan pacientemente a su próxima víctima. En una ciudad que se revela tan interesante, tan llena de vida, lo de menos es cómo se revela su geografía urbana, cómo es su arquitectura, lo importante es cómo podemos convivir con sus habitantes.

Coda

El mito de la sociedad postcapitalista nos dice que si de verdad viajáramos tendríamos que tomar conciencia de que el riesgo es el cambio; no adquirir una nueva idea, y acaso el reforzar un valor o ver cómo toma importancia un paisaje o el tiempo, pero nada de eso es importante desde la movilidad. Por otro lado, el peligro del viaje es que ya no seamos aquel que lo emprendió. Este viaje de transformación del interior vería que el afuera es lo más interesante y que lo importante es externo a nosotros y, en consecuencia, que lo urgente es la transformación de nuestros anclados interiores.

Por eso, el viaje más atroz, definitivo e interesante es el interior, el viaje por ese paisaje de la vida propia, donde lo lógico es pensar que tenemos que perder todo rastro de identidad. Viajar para cambiar. Y volver a viajar por el pensamiento propio. Un cambio constante. Una dinámica del perpetuo rito del cambiar infatigablemente. Hasta el punto de que sólo exista el viaje y los sujetos ya no puedan reconocerse, haciendo del anonimato absoluto el único valor de la vida. Una vida en una sociedad que es un camino compartido donde sólo existen múltiples sujetos viajeros, en constante transformación, una vida que ve como lo que sabemos de los demás se difumina en el nuevo cambio operado en el viaje. Nada sabríamos con certeza, nada podríamos ver para siempre, no podríamos juzgar ni tener normas, no habría cuerpos físicos ni almas inmortales, ya que todo lo que sabemos se disolvería en el viaje. Por eso para que este no fuese un riesgo que terminase con la cultura, y así con nosotros mismos, los dioses nos pusieron una mochila, para que cargásemos en las espaldas todo lo que somos y no podemos transformar, todo lo que deseamos y también lo que logramos. Una mochila para que la llevemos encima y nos defina frente al anonimato. El precio que hemos pagado por esa mochila es no poder cambiar nunca más.

Bibliografía

Acuña, A. (2000). "Cuerpo sufrido, cuerpo disfrutado en el Camino del Rocío". *Aestuaria. Revista de investigación*, 7: 65-90.

— (2015). "El camino y lo sagrado en las rutas gallegas a Santiago". *Revista nuevas tendencias en antropología*, 6: 21-49.

Adey, P. (2009). "Facing airport security: affect, biopolitics, and the preemptive securitisation of the mobile body". *Environment and Planning D: Society and Space*, 27, 2: 274-295.

— (2010). *Aerial Life: Spaces, Mobilities, Affects*. Oxford: Wiley-Blackwell.

— (2013). *Air*. Londres: Reaktion Books.

Agís-Villaverde, M. (2008). "Antropología de la peregrinación. ¿Quiénes son los peregrinos?". *XI Encuentro de Santuarios de España*. Santiago de Compostela: Conferencia Episcopal Española.

Agamben, G. (2007). *Infancia e historia*. Buenos Aires: Adriana Hidalgo Editora.

Alcor, A. L. (2009). "Flying into modernity: model airplanes, consumer culture, and the making of modern boyhood in the early twentieth century". *History and Technology: An International Journal*, 25, 2: 115-146.

Amendola, G. (1987). *La ciudad postmoderna*. Madrid: Celeste.

Andrade Fernández, E.; Arce Fernández, C. y Ferraces Otero, M. J. (2000). "Valoración del autobús como medio de transporte público urbano un estudio de las diferencias entre segmentos de la población". *Revista de Psicología Social*, 15, 3: 335-342.

Anta Félez, J.-L. (2007). "Automóviles en la frontera norte de México. Una (primera) reflexión del y para el trabajo de campo". *Gazeta de Antropología*, 23: 02.

— (2011). "La sociedad del riesgo. Un posible modelo para pensar la sociedad actual". *Etnicex*, 3: 15-26.

— (2013a). "La hermenéutica del automóvil: utopía, (des)memoria y metáfora". *Nómadas. Revista Crítica de Ciencias Sociales y Jurídicas*, 40, 4: 11-22.

— (2013b). "Una etnografía del avión. Cuerpos sujetos a la disciplina del consumo viajero". *AIBR. Revista de Antropología Iberoamericana*, 8, 3: 323-344.

Antón-Hurtado, F. (1996). "La romería de Murcia en Espagne. Un pèlegrinage entre changement et continuité". *Revue des Sciences Sociales de la France de l'Est*, 23: 104-109.

Appadurai, A. (Edit.) (1991). *La vida social de las cosas. Perspectiva cultural de las mercancías*. México: Grijalbo-CONACULTA.

Appadurai, A. (2006). *Cosmopolitan Vision*. Cambridge: Polity.

Aubert, N. (Edit.) (2003a). *L'individu hypermoderne*. París: Eres.

— (2003b). *Le culte de l'urgence: La société malade du temps*. París: Flammarion.

Augé, Marc (1987). *El viajero subterráneo*. Barcelona: Gedisa.

Augé, M. (1993). *Los no lugares: Espacios de anonimato. Una antropología de la sobremodernidad.* Barcelona: Gedisa.

— (2007). *Por una antropología de la movilidad.* Barcelona: Gedisa.

Baird, F.; Moore, C. J. y Jagodzinski, P. (2000). "An ethnographic study of engineering design teams at Rolls-Royce Aerospace". *Design Studies*, 21, 4: 333-355.

Barthes, R. (1980). *Mitologías.* Madrid: Siglo XXI.

— (2009). *La sociedad de consumo. Sus mitos, sus estructuras.* Madrid: Siglo XXI.

Baudrillard, J. (1993). *Cultura y simulacro.* Barcelona: Kairós.

— (1999). *El sistema de objetos.* México: Siglo XXI.

— (2009). *La sociedad de consumo: Sus mitos, sus estructuras.* Madrid: Siglo XXI.

Baum, T. (2012). "Working the skies: Changing representations of gendered work in the airline industry, 1930-2011". *Tourism Management*, 33, 5: 1185-1194.

Bauman, Z. (2007). *Vida de consumo.* Madrid: FCE.

Barry, K. M. (2008). "Femininity in Flight: A History of Flight Attendants". *Enterprise and Society*, 9, 2: 394-396.

Basham, F.; Ughetti, B. y Rambali, P. (1994). *Car Culture.* Medford, NJ: Plexus Publishing.

Baudrillard, J. (1969). *El sistema de los objetos.* México: Siglo XXI.

Beck, U. (2000). *La sociedad del riesgo. Hacia una nueva modernidad.* Barcelona: Paidós.

Bennett, S. A. (2006a). "A Longitudinal Ethnographic Study of Aircrews' Lived Experience of Flying Operations at a Low-Cost Airline". *Risk Management*, 8, 2: 92-117.

— (2006b). A *Sociology of Commercial Flight Crew*. Farnham: Ashgate.

Bénard Calva, S. M. (Comp.) (2019). *Autoetnografía. Una metodología cualitativa*. Aguascalientes: UAA.

Berardi, F. (2007). *Generación Post Alfa. Patologías e imaginarios en el semiocapitalismo*. Buenos Aires: Tinta Limón.

Bericat Alastuey, E. (1994). *Sociología de la movilidad espacial. El sedentarismo nómada*. Madrid: Siglo XXI, CIS.

Berta, O. (2017). *Motores, Autos y Sueños. Memorias del gran innovador del automovilismo deportivo*. Buenos Aires: Eudeba.

Bertman, S. (1998). *Hyperculture: The Human Cost of Speed*. Westport, CT: Praeger.

BOJA (2006). "Resolución de 21 de febrero de 2006, de la Dirección General de Bienes Culturales, por la que se resuelve inscribir colectivamente, con carácter genérico, en el Catálogo General del Patrimonio Histórico Andaluz, nueve bienes inmuebles del Movimiento Moderno de la provincia de Jaén". *Boletín Oficial de la Junta de Andalucía*, 51: 53-64. Sevilla: Junta de Andalucía.

Bor, R. (Edit.) (2003). *Passenger Behaviour*. Farnham: Ashgate.

Bourdieu, P. (1988). *La distinción. Criterios y bases sociales del gusto*. Madrid: Taurus.

Boyer, R. y Freyssenet, M. (2001). "El mundo que cambió la máquina. Un nuevo esquema de análisis de la industria del automóvil". *Sociología del Trabajo. Revista Cuatrimestral de Empleo, Trabajo y Sociedad*, 41: 3-45.

Brumec, S. (2023) "Examining the Pilgrims' Experience: Communitas Along the Camino De Santiago". *International Journal of Religious Tourism and Pilgrimage*, 11, 3, 7.

Bunge, M. (2000). *La investigación científica: Su estrategia y filosofía*. México: Siglo XXI.

Buhalis, D. (2004). "Airlines: Strategic and tactical use of ICTs in the airline industry". *Information and Management*, 41, 7: 805-825.

Burke, C. S. y Wilson, K. A. y Salas, E. (2003). Teamwork at 35,000 feet: Enhancing safety through team training. *Human Factors and Aerospace Safety* 3, 4: 287-312.

Buxó i Rey, M. J. (2007). "La ciudad de los coches". En J. Calatrava, y J. A. González Alcantud (Coords). *La ciudad: paraíso y conflicto*: 75-90. Sevilla: Junta de Andalucía, Consejería de Obras Públicas y Transportes.

Cairncross, F. (1997). *The Death of Distance: How the Communications Revolution will Change our Lives*. Cambridge, MA: Harvard Business School Press.

Callahan, L. (2013). "Requests for money on public transportation: Saving face for speaker and hearers". *Prisma Social*, 10: 361-393.

Campbell, D. (2005). "The Biopolitics of Security: Oil, Empire, and the Sports Utility Vehicle". *American Quarterly,* 57, 3: 943-972.

Castells, M. (1995). *La ciudad informacional. Tecnologías de la información, restructuración económica y proceso urbano-regional*. Madrid: Alianza.

Castilho, D. (2012). "Estado e rede de transportes em Goiás-Brasil (1889-1950)". *Scripta Nova. Revista Electrónica de Geografía y Ciencias Sociales*, XVI, 418, 67.

Castro-Gómez, S. (2009). *Tejidos Oníricos. Movilidad, capitalismo y biopolítica en Bogotá (1910-1930)*. Bogotá: Universidad Javeriana.

Casuso Quesada, R. A. (1996). "La estación de Autobuses de Jaén: una importante aportación a la arquitectura española de posguerra". *Senda de los Huertos*, 41: 59-69.

— (2001). "Propuestas para una revisión crítica de la arquitectura del siglo XX en Jaén". En J. Fernández (Edit). *Homenaje a Luis Coronas*: 87-177. Jaén: Universidad de Jaén.

Chambers, I. (1986). *Popular culture. The metropolitan experience*. Londres, Nueva York: Routledge.

Charmaz, K. y Mitchell, R. (1997). "The myth of silent authorship: self, substance, and style in ethnographic writing". En R. Hertz (Edit.). *Reflexivity and Voice:* 193-215. Londres: Sage

Cobos, F. de los y Martínez, T. (2006). "Competencia y coordinación ferrocarril-carretera. Una visión desde la década de los treinta: Francisco Jiménez Ontiveros". *IV Congreso Historia Ferroviaria*. Málaga.

Cohen, Y. (2010). "Política e arte na verdade e na ficção do trabalho: elementos para uma comparação histórica entre o oriente socialista e o ocidente capitalista". En F. de Oliveira; R. Braga y C. Rizek, (Orgs.). *Hegemonia às avessas: economia, política e cultura na era da servidão financeira*: 93-108. São Paulo: Boitempo.

Coffey, A. (1999). *The Ethnographic Self*. Londres: Sage.

Comelles, J. M. (1984). "Los caminos del Rocío". En S. Rodríguez-Becerra (Edit.). *Antropología cultural de Andalucía*: 425-445. Sevilla: Consejería de Cultura de la Junta de Andalucía.

Crespo Guerrero, J. M. y Moya García, E. (2012). "Los transportes colectivos como dinamizadores culturales". A. Miramontes; D. Royé y J. I. Villa (Coords.). *Las ciudades y el transporte urbano. Reflexiones en tiempos de crisis*: 307-319. Santiago de Compostela: Meubook.

Crouch, T. D. (2004). *Wings: A History of Aviation from Kites to the Space Age*. Washington, DC: Smithsonian National Air and Space Museum.

Cuéllar Villar, D. (2001). "La Mecanización del Transporte por Carretera: Redes y Empresas en el Sureste Andaluz (1900-1950)". *VII Congreso de la Asociación de Historia*. Zaragoza.

— (2003). *Los Transportes en el Sureste Andaluz (1850-1950). Economía, Empresas y territorio*. Madrid: Junta de Andalucía, Cajamar, Fundación de los Ferrocarriles Españoles.

Cwerner, S.; Kesselring, S. y Urry, J. (Edits.) (2009). *Aeromobilities*. Londres: Routledge.

D'Aubaterre, Luis (2012). "Sobre la temporalidad discursiva y el sentido común venezolano en un pullman: Un ensayo de etnografía hermenéutica". *Espacio Abierto. Cuaderno Venezolano de Sociología*, 21, 3: 480-501.

Dahlberg, A. (2001). *Air rage: The underestimated safety risk*. Farnham: Ashgate.

Dalmaso, S. A. R. y Coutinho, M. C. (2010). "Tecnologia e trabalho: Sentidos produzidos no cotidiano do transporte coletivo". *Arquivos Brasileiros de Psicologia*, 62, 3: 93-104.

Daniels, P. W. y Warnes, A. M. (1983). *Movimiento en ciudades: transporte y tráfico urbanos*. Madrid: Instituto de Estudios de Administración Local.

Davis, M. (1992). *City of Quartz*. Nueva York: Vintage.

Deleuze, G. y Guattari, F. (1985). *El Anti-Edipo. Capitalismo y esquizofrenia*. Barcelona: Paidós.

Delgado, J. (1994). "Las nuevas periferias de la ciudad de México". En D. Hiernaux y F. Tomas (Comps.). *Cambios económicos y periferia de las grandes ciudades*: 106-124. México: UAM, IFAL.

Delgado, M. (1999). *El animal público*. Barcelona: Anagrama.

— (2007). *Sociedades movedizas. Pasos hacia una antropología de las calles*. Barcelona: Anagrama.

Dismukes, R. K. (Edit.) (2009). *Human error in aviation. Critical essays on human factors in aviation*. Farnham: Ashgate.

Dorfles, G. (1973). "El automóvil como «status symbol»". *Triunfo*, XXVIII, 570: 28-30.

Ehrenburg, I. (2008). *Historia del automóvil*. Barcelona: Melusina.

Ellis, C. (1999). "*Heartf*ul Autoethnography". *Qualitative Health Research*, 9, 5: 669-683.

Fay, M. (2007). "Mobile Subjects, Mobile Methods: Doing Virtual Ethnography in a Feminist Online Network". *Forum Qualitative Sozialforschung / Forum: Qualitative Social Research*, 8, 3.

Feixa, F. (2002). "Diario de asfalto. Reflexiones sobre un trabajo de campo en México". En A. Téllez (Coord.). *Técnicas de Investigación en Antropología. Experiencias de Campo*: 111-131. Elche: Universidad Miguel Hernández.

Fernandes Nascimento, L. (2016). "O caso Uber no Brasil: um ensaio de sociologia digital". CROLAR, Critical Reviews on Latin American Research, 5, 1: 88-90.

Fernández Durán, R. (1980). *Transporte, Espacio y Capital*. Madrid: Nuestra Cultura.

Fernández Santamaría, F. (2000). *Transporte público de viajeros y accesibilidad en la provincia de Albacete*. Cuenca: Universidad de Castilla La Mancha,

Flink, J. J. (1990). *The Automobile Age*. Cambridge, MA: The MIT Press.

Forseth, U. (2005). "Gendered Bodies and Boundary Setting in the Airline Industry". En D. Morgan; B. Brandth y E. Kvande (Edits.) *Gender, Bodies and Work*. Farnham: Ashgate.

Foucault, M. (1987). *Historia de la Sexualidad I. La voluntad de saber*. México: Siglo XXI.

Francis-Way, K. A. (2002). *Examination of Factors that Influence Air Rage*. Stillwater: Oklahoma State University.

Franquesa, J. (2011). "«We've lost our bearings»: place, tourism, and the limits of the «mobility turn»". *Antipode*, 43, 4: 1012-1033.

Frax Rosales, E. y Madrazo, S. (2001). "El transporte por carretera, siglo XVII-XX". *Tst: Transportes, Servicios y telecomunicaciones*, 1: 31-53.

Galera, P. A (2000). "Jaén, la ciudad del siglo XX". *Senda de los Huertos*, 57-60, I: 21-31.

García Canclini, N. (Coord.) (1989). *De lo local a lo global. Perspectivas desde la antropología*. México: UAM.

— (1998). *Cultura y comunicación en la ciudad de México*. México: UAM, Grijalbo.

García Fernández, J. (2019). *Descolonizar Europa. Ensayos para pensar históricamente desde el Sur*. Madrid: Brumaria.

García Ochoa, S. (2008). "El Automóvil y la Cultura del Siglo XX: una Reflexión Antropológica". *SituArte*, 3,5: 25-32.

Gaggiotti, H. (2011). "Narrating expatriation and making sense of the globalization experience". En E. Bonet; B. Czarniawska; D. McCloskey y H. Jensen (Edits.). *Rhetoric and Narratives in Management Research*: 293-306. Barcelona: ESADE Business School.

Geertz, C. (2005). *Le souk de Sefrou. Sur l'économie de bazar*. París: Bouchène.

Giddens, A. (1997). "Vivir en una sociedad postradicional". En VV. AA. *Modernidad reflexiva. Política, tradición y estética en el orden social moderno*: 75-136. Madrid: Alianza.

Giglia, A. (1998). "Vecinos e instituciones. Cultura ciudadana y gestión del espacio compartido". En N. García Canclini (Coord.). *Cultura y comunicación en la ciudad de México*: 133-181. México: UAM, Grijalbo.

Giucci, G. (1999). "El tranvía de la modernización". *Nuevo texto crítico*, 12, 23-24: 141-154.

— (2000). "Amor sobre ruedas: el automóvil en los trópicos". *Cuadernos Hispanoamericanos*, 601-602: 27-38.

— (2007). *La vida cultural del automóvil. Rutas de la modernidad cinética*. Buenos Aires: Universidad de Quilmes.

Giucci, G. y Errázuriz, T. (2018). *El viaje colectivo. La cultura del tranvía y del ómnibus en América del Sur*. Talca: Bifurcaciones.

Glick-Schiller, N. y Salazar, N. (2013). "Regimes of mobility across the globe". *Journal of Ethnic and Migration Studies*, 39, 2: 183-200.

Goffman, E. (1987). *Internados. Ensayos sobre la situación de los enfermos mentales*. Madrid, Buenos Aires: Murguía, Amorrortu.

— (1991). *Los momentos y sus hombres*. Barcelona: Piados.

Goll, I. y Rasheed, A. A. (2011). "The effects of 9/11/2001 on business strategy variability in the US air carrier industry". *Management Decision*, 49, 6: 948-961.

Gómez Abeledo, G. (2022). ""Diglosia convivencial»: Geometría y utilidad de un concepto para el análisis del racismo con la autoetnografía". *Antropología Experimental*, 22: 75-89.

González Martínez, P. y Santofimia Albiñana, M. (Coords.) (2012). *Cien años de arquitectura en Andalucía: el Registro Andaluz de Arquitectura Contemporánea, 1900-2000*. Sevilla: Consejería de Cultura.

Gordon, S. (1998). "Pobreza y patrones de exclusión social en México". *Programa sobre las Instituciones Laborales y Desarrollo*, 92.

Graham, A. y Papatheodorou, A. y sethsyth, P. (2010). *Aviation and Tourism. Implications for Leisure Travel*. Farnham: Ashgate.

Gros, F. (2014). *Andar, una filosofía*. Madrid: Taurus.

Grupo Marcuse (2009). *De la miseria humana en el medio publicitario*. Barcelona: Melusina.

Güller, M. y Güller, M. (2002). *Del aeropuerto a la ciudad-aeropuerto*. Barcelona: Gustavo Gili.

Gutiérrez, A. (2010). "Movilidad, transporte y acceso: una renovación aplicada al ordenamiento territorial". *Scripta Nova. Revista Electrónica de Geografía y Ciencias Sociales*, XIV, 331, 86.

Hannam, K.; Sheller, M. y Urry, J. (2006). "Editorial: Mobilities, Immobilities and Moorings". *Mobilities*, 1, 1: 1-22.

Haugen, D. M. y Box, M. J. (Edits.) (2005). *Examining Pop Culture. Cars*. Independence, KY: Greenhaven.

Heiber, R. F. D. (2010). *Automovilidad, Jóvenes y Siniestralidad Vial: Biopolítica en Cuatro Ruedas*. Madrid: UCM.

— (2018). *Automovilidad misantrópica: motilidad, riesgo y ciudadanía en Brasil*. Madrid: UCM.

Herce Vallejo, M. (2009). *Sobre la movilidad en la ciudad: propuestas para recuperar un derecho ciudadano*. Barcelona: Reverte.

— (2010). "Las infraestructuras como instrumento de orden territorial y equidad social". *Cuestiones urbanas*, 1: 57-77.

Herce Vallejo, M. y Miró Farrerons, J. (2002). *El soporte infraestructural de la ciudad*. Barcelona: Universitat Politècnica de Catalunya.

Hochschild, A. R. (2012). *The Managed Heart: Commercialization of Human Feeling*. Berkeley, CA: California University Press.

Horst, H. y Miller, D. (2006). *The Cell Phone: An Anthropology of Communication*. Oxford: Berg.

Horta, G. y Malet Calvo, D. (2014). *Hiace. Antropología de las carreteras en la isla de Santiago (Cabo Verde)*. Barcelona: Pol·len.

Hunter, J. A. (2009). *Anger in the Air. Combating the Air Rage Phenomenon*. Farnham: Ashgate.

Ingold, T. (2017). "¡Suficiente con la etnografía!". *Revista Colombiana de Antropología*, 53, 2: 143-159.

Jacobs, J. (2011). *Muerte y vida de las grandes ciudades*. Barcelona: Capitán Swing.

Jakle, J. A. y Sculle, K. A. (2005). *Lots of Parking: Land Use in a Car Culture*. Charlottesville, VA: University of Virginia Press.

Julià Sort, J. (2006). *Redes metropolitanas*. Barcelona: Gustavo Gili.

Kellerman, A. (2006). *Personal Mobilities*. Londres: Routledge.

Krizek, R. L. (1998). "Lessons: What the Hell Are We Teaching the Next Generation Anyway?". En A. Banks y S. Banks (Edits.). *Fiction and Social Research: By Ice or Fire*: 89-113. Londres, Nueva York: Altamira.

Korstanje, M. (2006). "El Viaje: una crítica al concepto de no lugares". *Atenea Digital*, 10: 211-238.

— (2008). "Meditaciones críticas: turismo, temor y modernidad". *A Parte Rei*, 60: 1-12.

Koslowski, R. (2011). *Global Mobility Regimes*. Londres: Palgrave-Macmillan.

Kreimer, R. (2006). *La tiranía del automóvil*. Buenos Aires: Anarres

Latour, B. (1998). "De la mediación técnica: filosofía, sociología, genealogía". En M. Domènech y F. Tirado (Edits.). *Sociología simétrica. Ensayos sobre ciencia, tecnología y sociedad*. Barcelona: Gedisa.

— (1999). *Pandora's hope: essays on the reality of science studies*. Cambridge: Harvard University Press.

Le Bretón, D. (2011). *Caminar: un elogio*. Madrid: Siruela.

Lefebvre, H. (1976). *Espacio y política*. Barcelona: Península.

Lévi-Strauss, C. (1995). *Antropología estructural*. Barcelona: Paidós.

López Arandia, M. T. (2000). "Una mirada a la arquitectura giennense en el siglo XX". *Senda de los Huertos*, 57-60, II: 369-382.

Lovegrove, K. (2000). *Airline: Identity, Design and Culture*. Kempen: TeNeues.

Lyon, D. (2003). "Airports as data filters: Converging surveillance systems after September 11th". *Journal of Information, Communication and Ethics in Society*, 1, 1: 13-20.

Maffesoli, M. (2001). *El instante eterno: el retorno de lo trágico en las sociedades posmodernas*. Buenos Aires: Paidós.

Marcuse, P. y Kempen, R. van (Edits.) (2000). *Globalizing Cities, A new spatial Order?* Oxford: Blackwell.

Martín-Cabello, A. (2014). "El turismo 'backpacker' en Chile como expresión de una subcultura juvenil". *Cuadernos de turismo*, 34: 165-188.

Martín-Cabello, A. y García Manso, A. (2015). "Una aproximación a las relaciones entre el turismo mochilero y la cultura corporativa global". *Antropología experimental*, 15: 55-72.

Martín-Cabello, A.; Anta Félez, J-L.; García Manso, A. y Pérez Redondo, R. J. (2017). *Turismo mochilero: Una aproximación desde la sociología y la antropología a una subcultura global.* Oviedo: Septem.

Martínez Magdalena, S. y Meléndez Suárez, M. G. (2014). "Thelonius *on the road*. Posibilidades *kickwriting* para una *road ethnography* en la España precaria tardocostumbrista". *Revista de Antropología Experimental*, 14: 225-254.

Martínez Moreno, R. M. (1997). "La romería del Rocío en Andalucía, una fiesta de la posmodernidad". *Gazeta de Antropología*, 13.

Meir-Dviri, M. y Raz, A. E. (1995). "Rituals of exchange in the social world of israeli beggars: An exploratory study". *Symbolic Interac*tion, 18, 2: 99-119.

Mileski, M. y Black, D. J. (1972). "The social organization of homosexuality". *Urban Life and Culture*, 1, 2: 187-202.

Millán Rincón, J. (2001). *Estaciones y apeaderos de autobuses en Andalucía.* Sevilla: Consejería de Obras Públicas y Transportes.

— (2006). "La Red de estaciones de autobuses de Andalucía". *Revista Carreteras*, 146: 31-41.

Millbrooke, A. M. (1999). *Aviation History*. Englewood, CO: Jeppesen Sanderson.

Miller, D. (Edit.) (2001). *Car Cultures. Materializing Culture*. Oxford: Berg.

Moles, E. R. y Friedman, N. L. (1973). "The Airline Hostess: Realities of an Occupation with a Popular Cultural Image". *The Journal of Popular Culture*, VII, 2: 305-313.

Monnet, J. (1995). *Usos e imágenes del Centro Histórico de la ciudad de México*. México: DDF, CEMC.

Montes Cañete, Macarena (1999). "La historia del autocar durante la década de los años 50", en *Viajero*, 45: 26-30.

Monsiváis, C. (1995). *Los rituales del caos*. México: Era.

Morgan, M. y Nickson, D. (2001). "Uncivil aviation: a review of the air rage phenomenon". *International Journal of Tourism*, 3, 6: 443-457.

Myers, F. R. (Edit.) (2001). *The Empire of Things: Regimes of Value and Material Culture*. Santa Fe, NM: School of American Research Press.

Natal, J. (2003). *Transportes, território e desenvolvimento econômico*. Rio de Janeiro: Papel Virtual.

Nelms, D. W. (1998). "As more passengers fill more aircraft, the airlines are finding the skies decidedly less friendly". *Air Transport World*, 35, 3: 34-43.

Nieto, R. (1998). "Experiencias y prácticas sociales en la periferia de la ciudad". En N. García Canclini (Coord.). *Cultura y comunicación en la ciudad de México:* 235-277. México: UAM, Grijalbo.

Nieto, R. y Nivón, E. (1993). "Etnografía, ciudad y modernidad: hacia una visión de la metrópoli desde la periferia urbana". *Alteridades*, 3, 5: 69-77.

Nivón, E. (1998). "Las nuevas periferias de la ciudad de México". En N. García Canclini (Coord.). *Cultura y comunicación en la ciudad de México:* 205-233. México: UAM, Grijalbo.

O'Connell, J. F. (Edit.) (2011). *Air Transport in the 21st Century. Key Strategic Developments.* Farnham: Ashgate.

Olalla, V. (1977). "Estaciones de autobuses". *Informes de la Construcción*, 29, 289: 3-49.

Otto, S. (2001). "Manifesto for a Virtual Favela". *Switch*, 15.

Parnreiter, C. (1998). "La Ciudad de México: ¿Una Ciudad Global?". *Anuario de Espacios Urbanos*, 5: 19-52.

— (2000). "La Ciudad de México en la red de ciudades globales: Resultados de un análisis y una agenda para una futura investigación". *Anuario de Espacios Urbanos*, 7: 189-216.

Phillips, D. P. (1980). "Airplane Accidents, Murder, and the Mass Media: Towards a Theory of Imitation and Suggestion". *Social Forces*, 58, 4: 1001-1024.

Piglia, M. (2014). *Autos, rutas y turismo. El automóvil club argentino y el estado.* Buenos Aires: Siglo XXI.

Potthast, J. (2012). "Terminal". En N. Marquardt y V. Schreiber (Edits.). *Ortsregister: Ein Glossar zu Räumen der Gegenwart*: 273-279. Bielefeld: Transcript.

Prat-Carós, J. (2011). "¿Por qué caminan? Una mirada antropológica sobre el Camino de Santiago". En A. M. Nogués y F. Checa (Coords.). *La cultura sentida. Homenaje al profesor Salvador Rodríguez Becerra*: 495-529. Sevilla: Signatura Demos.

Pujadas, J.J. (2012). "Itinerarios metropolitanos: policentrismo, movilidad y trayectorias personales en la ciudad porosa". *Biblio 3W: Revista bibliográfica de geografía y ciencias sociales*, XVII, 968.

— (2018). "Etnografía móvil, entre el sombreado y el acompañamiento: notas a partir del estudio de la movilidad cotidiana en la Región Metropolitana de Barcelona (RMB)". *Etnográfica*, 22, 2.

Queiroz, R. da S. (2006). "Os automóveis e seus donos". *Imaginário*, 12-13: 113-122.

Quesada García, S. y Casuso Quesada, R. A. (2006). *La Estación de Autobuses de Jaén. una Topografía de su Arquitectura*. Sevilla: Consejería de Cultura de la Junta de Andalucía.

Radcliffe-Brown, A. R. (1986). *Estructura y función en la sociedad primitiva*. Barcelona: Península.

Ramírez Sánchez, S. L. (2007). "Metáforas tecnológicas y emergencia de identidades". *Revista iberoamericana de ciencia tecnología y sociedad*, 9, 3: 33-52.

Reyes Mantecón, G. y Rosas, A. M. (1993). "Los usos del pasado: tres momentos en la lucha por el espacio en el centro histórico de la ciudad de México". En M. Estrada; R. Nieto; E. Nivón y M. Rodríguez (Comps.). *Antropología y ciudad*: 297-319. México: Ciesas, UAM.

Reynoso, C. (1990). "Seis nuevas razones lógicas para desconfiar de Lévi-Strauss". *Revista de Antropología*, VI, 10: 3-17.

Rial Ungaro, S. (2003). *Paul Virilio y los límites de la velocidad*. Móstoles: Campo de ideas.

Rhoden, S.; Ralston, R. y Ineson, E. M. (2008). "Cabin crew training to control disruptive airline passenger behavior: A cause for tourism concern?" *Tourism Management*, 29, 538-547.

Raunig, G. (2008). *Mil máquinas. Breve filosofía de las máquinas como movimiento social*. Madrid: Traficantes de Sueños.

Salas, E. y Maurino, D. (Edits.) (2010). *Human Factors in Aviation*. Burlington, MA: Academic Press.

Salazar, N. (2011). "Grounding mobilities: Rethinking border-crossing tourism and migration". En E. Judd y J. Zhang (Comps.). *Labour Migration and Social Mobility in Asia and Pacific Region*: 8-25. Beijing: Intellectual Property Publishing House.

Santino, J. (1986). "A servant and a man, a hostess or a woman: a study of expressive culture in two transportation occupations". *The Journal of American Folklore*, 99, 393: 304-319.

Seijo Marcos, B. (2006). "Del tren al autobús la modernización del transporte público en España en la década del desarrollismo". *IV*

Congreso Historia Ferroviaria. Málaga.

Seguí, J. M. y Martínez, M. R. (2004). *Geografía de los Transportes*. Palma de Mallorca: Universidad de les Illes Balears.

Sheller, M. (2013). "Sociology after the Mobilities Turn". En P. Adey; D. Bissell; K. Hannam; P. Merriman y M. Sheller (edits). *The Routledge Handbook of Mobilities*: 45-54. Abingdon: Routledge.

Shamir, R. (2005). "Without Borders? Notes on Globalization as a Mobility Regime". *Sociological Theory*, 23, 2: 197-217.

Shapiro, K. K. (2011). *Saving suburban sites and rescuing roadside relics: The historic preservation of the recent past through adaptive reuse*. Providence, Rhode Island: Brown University.

Signorelli, A. (1999). *Antropología urbana*. Barcelona: Anthropos, UAM.

Soriano García, C. y otros (2011). "Percepción de la imagen del transporte de viajeros en autobús potencialidades y acciones de mejora". *Revista de biomecánica*, 55: 15-18.

Sousa Santos, B. de y Meneses, M. P. (2014). *Epistemologías del Sur*. Madrid: Akal.

Sparkes, A. (2001). "Autoethnography and Narratives of Self: Reflectiones on Criteria in Action". *Sociology of Sport Journal*, 17: 21-43.

Sparkes, A. (2002a). "Autoethnography: Self-Indulgence or Something More". En C. Ellis y A. P. Bochner (Edits.). *Ethnographically Speaking: Autoethnography, Literature, and Aesthetics*: 209-232. Londres, Nueva York: Altamira.

— (2002b). "Fictional Representations: On Difference, Choice, and Risk". *Sociology of Sport Journal*, 19: 1-24.

Stinson Fernández, J. H. (1998). "Antropología, desarrollo y cultura: notas etnográficas acerca de la transportación pública en Puerto Rico". *Boletín de la Unidad Investigaciones Económicas*, 3, 1: 10-20.

Stinson Fernández, J. H. (2011). "En la parada de la guagua: reflexión etnográfica sobre el origen y definición de un problema de investigación". En J. Rodríguez Gómez (Comp.). *Aportes universitarios: Antología de ensayos interdisciplinarios de las Ciencias Sociales*: 157-193. San Juan: A Plus Copy Services.

Sundholm, C. A. (1973). "The pornographic arcade: Ethnographic notes on moral men in immoral places". *Urban Life and Culture*, 2, 1: 85-104.

Taplin, D. H.; Scheld, S. y Low, S. M. (2002). "Rapid ethnographic assessment in urban parks: A case study of Independence National Historical Park". *Human Organization*, 61, 1: 80-93.

Tamayo, S. (1999). *Los veinte octubres mexicanos. Ciudadanías e identidades colectivas*. México: UAM.

— (2001). "Archipiélagos de la modernidad urbana, Arquitecturas de la globalización en la Ciudad de México". *Anuarios de Espacios Urbanos*, 6.

Tamayo, S. y Wildner, K. (2002). "Lugares de globalización: una comprensión arquitectónica y etnográfica de la ciudad de México". *Memoria*, 156.

Terrazas Revilla, O. (2000). "Las nociones de centro en la ciudad global". *Anuario de Espacios Urbanos*, 7: 125-142.

Thomas, A. R. (2006). *Aviation Insecurity: The New Challenges of Air Travel*. Nueva Delhi: Manas.

Toledo, V. M. (2002). "La religión del automóvil". *Ecología Política, Cuadernos de debate internacional*, 23: 9-11.

Tomlinson, J. (2007). *The Culture of Speed: The Coming of Immediacy*. Londres: Sage Publications.

Torres Sad, D. (2011). "Taxi, objeto antropológico". *Antropología. Boletín Oficial del INAH*, 93: 23-28.

Turner, Victor W. (1980). *La selva de los símbolos*. Madrid: Siglo XXI.

Urry, J. (1999) *Sociology beyond societies: mobilities for the twenty-first century*. Londres: Routledge.
— (2003). *Global Complexity*. Cambridge: Polity.
— (2007). *Mobilities*. Cambridge: Polity.

Veijola, S. y Valtonen, A. (2007). "The Body in Tourism Industry". En A. Pritchard; N. Morgan; I. Ateljevic y C. Harris (Edits.). *Tourism and Gender: Embodiment, Sensuality, and Experience*. Oxfordshire, Cambridge, MA: CAB.

Vasilachis de Gialdino, I. (2009). "Ontological and Epistemological Foundations of Qualitative Research". *Forum Qualitative Sozialforschung / Forum: Qualitative Social Research*, 10, 2.

Velasco, H. y Díaz de Rada, A. (2009). *La lógica de la investigación etnográfica*. Madrid: Trotta.

Virilio, P. (1996). *El arte del motor: aceleración y realidad virtual*. Buenos Aires: Manantial.

— (2010). *El accidente original*. Madrid: Amorrortu.

Volti, R. (2006). *Cars and Culture: The Life Story of a Technology*. Baltimore, MD: Johns Hopkins University Press.

Ward, P. (1991). *México: una megaciudad*. México: Alianza, CNCA.

Wiggins, M. W. y Stevens, C. (1999). *Aviation Social Science: Research Methods in Practice*. Farnham: Ashgate.

Williams, C. (1986). "Domestic Flight Attendants in Australia: A Quasi Occupational Community?" *Journal of Industrial Relations*, 28: 237-251.

Wollen, P. y Kerr, J. (2004). *Autopia: Cars and Culture*. Londres: Reaktion.

Wright, P. (2013). *Imaginarios, símbolos y coreografías viales: una perspectiva antropológica*. Buenos Aires: UBA.

Zárate Martín, M. A. (1997). *Ciudad, Transporte y Territorio*. Madrid: UNED.

Zhao, H. y Zhao, Y. (2000). *Towards a Modern Zen Theatre: Gao Xingjian and Chinese Theatre Experimentalism*. Londres: University of London.

Zurcher, L. A. (1979). "The airplane passenger: Protection of self in an encapsulated group". *Qualitative Sociology*, 1, 3: 77-99.